品牌化视角下当代大学生思想政治教育理论探索

靳祥鹏 主编

中山大学出版社
·广州·

版权所有　翻印必究

图书在版编目（CIP）数据

品牌化视角下当代大学生思想政治教育理论探索/靳祥鹏主编. —广州：中山大学出版社，2021.5
ISBN 978-7-306-07191-0

Ⅰ.①品… Ⅱ.①靳… Ⅲ.①大学生—思想政治教育—研究—中国 Ⅳ.①G641

中国版本图书馆 CIP 数据核字（2021）第 071158 号

出 版 人：	王天琪
策划编辑：	赵　婷
责任编辑：	赵　婷
封面设计：	曾　婷
责任校对：	潘惠虹
责任技编：	何雅涛
出版发行：	中山大学出版社
电　　话：	编辑部 020-84110283，84113349，84111997，84110779，84110776
	发行部 020-84111998，84111981，84111160
地　　址：	广州市新港西路 135 号
邮　　编：	510275　传　真：020-84036565
网　　址：	http://www.zsup.com.cn　E-mail：zdcbs@mail.sysu.edu.cn
印 刷 者：	广州一龙印刷有限公司
规　　格：	787mm×1092mm　1/32　5.875 印张　132 千字
版次印次：	2021 年 5 月第 1 版　2021 年 5 月第 1 次印刷
定　　价：	20.00 元

如发现本书因印装质量影响阅读，请与出版社发行部联系调换

序

思想政治教育是高校立德树人的关键环节，如何增强思想政治教育的亲和力、感染力和影响力，使思想政治教育工作收到预期效果，担负起培养中国特色社会主义事业建设者和接班人的使命，各高校都在进行理论思考和实践探索，品牌化即是其中的创新之一。

大学生思想政治教育品牌是把市场营销中的"品牌"概念引入大学生思想政治教育领域后提出的新概念。就市场营销而言，品牌的形成需要经过长期积累，至少应具备三个基本条件，即知名度、美誉度和个性化。品牌传播面广，能较大范围地占领市场，并带来较为丰厚的利润；品牌基于商品质量和品质，有广泛的社会影响力，能得到市场和消费者的认可；品牌有个性和特色，在竞争环境下以个性和特色赢得市场、赢得消费者、赢得竞争优势。

思想政治教育品牌重点不在于打造某种商品，而是塑造人的思想和灵魂，其品牌基础是人，关注的是人的健康成长和发展。思想政治教育品牌具有意识形态的性质，其使命在于通过主流意识形态的传播，引导大学生形成正确的世界观、人生观和价值观，坚定中国特色社会主义道路自信、理论自信、制度自信、文化自信，增进国家、民族、政党认同。思想政治教育品牌的任务是塑造灵魂、塑造生命、塑造新人，关系国家和民族的未来发展，其重要性和影响力是一般商品品牌所无法比拟的。思想政治教育品牌的形成需要多方面的条件，教育理论、教育内容、教育方法的创新对于思想政治教育品牌的形成至关重要，全社会对思想政治教育的认同也是思想政治教育品牌形成不可或缺的条件。

将品牌引入思想政治教育研究，拓宽了思想政治教育研究的视野，一定程度上实现了学科之间的交叉。将品牌引入思想政治教育，创新了思想政治教育方法，有利于提升思想政治教育实效。将品牌引入思想政治教育，也有利于赢得全社会对思想政治教育的尊重和认可，形成良好的思想政治教育氛围。

本书主编靳祥鹏博士是具有丰富经验的学生管理工作者，长期致力于大学生思想政治教育理论与实践创新的研究。他将攻读管理学博士学位期间的学术积累，尤其是市场营销的理论与方法，应用于思想政治教育的内涵建设和质量提升，以品牌化建设引领其所在学院提升思想政治教育软实力。在思想政治教育品牌化研究方面，靳祥鹏博士已主持完成多个省级课题，发表多篇相关论文。在他的带领下，其所在学院的思想政治教育工作时有突破，取得了不俗成绩。本书是作者多年从事大学生思想政治教育工作的经验总结和理论升华，对大学生思想政治教育品牌化的相关理论问题进行了较为系统的阐释，有作者的独立思考和判断，对大学生思想政治教育工作品牌化建设具有一定的借鉴意义。

高校立德树人工作需要全员参与，尤其是思想政治教育工作者直接担负着立德树人的任务，应多一些思考和探索，创理念、创平台、创特色、创品牌，提升思想政治教育的吸引力，强化思想政治教育成果，开创新时代高校思想政治教育新局面。

华南农业大学国家农业制度与发展研究院院长罗必良教授嘱我为靳祥鹏博士的新作写几句话，不便推辞，权以为序。

2020 年 6 月 28 日

目 录

第一章 导论 …………………………………………（1）
　第一节 新时代下大学生思想政治教育工作的
　　　　背景 ……………………………………（1）
　　一、大学生思想政治教育工作的时代境遇……（1）
　　二、大学生思想政治教育工作面临的机遇与
　　　　挑战 ……………………………………（7）
　第二节 大学生思想政治教育工作品牌化的形成
　　　　动因 ……………………………………（13）
　　一、大学生思想政治教育工作为何要
　　　　品牌化 …………………………………（13）
　　二、大学生思想政治教育工作品牌化的
　　　　意义 ……………………………………（19）
　第三节 基本思路和研究方法 …………………（20）
　　一、基本思路 ………………………………（20）
　　二、研究方法 ………………………………（21）

第二章 大学生思想政治教育效果分析和工作现状 …（25）
　第一节 当代大学生的思想状况和特征 ………（25）
　　一、大学生理想信念坚定，人生态度积极 …（27）
　　二、政治认知现实性与理想性共生 …………（28）

三、现代社会元素中的自我关照 …………… (29)
　　四、网络亚文化的表达渗透 ………………… (30)
　第二节　影响当代大学生思想状况的主要因素 … (31)
　　一、社会因素 ………………………………… (31)
　　二、高校因素 ………………………………… (34)
　　三、家庭因素 ………………………………… (36)
　　四、个人因素 ………………………………… (37)
　第三节　大学生思想政治教育工作的理念发展 … (38)
　第四节　大学生思想政治教育过程中的主要
　　　　　问题 ………………………………………… (41)
　　一、注重形式，忽视内涵，吸引力不足 …… (41)
　　二、授课方式陈旧，创新性不足 …………… (42)
　　三、缺乏科学性的考核，学习效果难以
　　　　体现 ………………………………………… (43)
　　四、大学生思想政治教育工作队伍建设
　　　　方面的问题 ……………………………… (44)

第三章　大学生思想政治教育工作的新理念与
　　　　新方法 ………………………………………… (48)
　第一节　大学生思想政治教育工作品牌化成为
　　　　　迫切需求 ………………………………… (48)
　第二节　大学生思想政治教育工作品牌化带来的
　　　　　机遇和挑战 ……………………………… (49)
　　一、大学生思想政治教育工作品牌化带来的
　　　　机遇 ………………………………………… (50)

二、大学生思想政治教育工作品牌化带来的
　　挑战 …………………………………（64）

第四章　大学生思想政治教育工作品牌化的基本
　　　　原则 ………………………………………（73）
　第一节　社会发展和个人发展辩证统一的原则 …（74）
　　一、遵循原则的原因 ……………………（74）
　　二、遵循原则的方法 ……………………（76）
　第二节　继承、借鉴与发展有机结合的原则 ……（79）
　　一、继承、借鉴与发展的异同 …………（79）
　　二、遵循原则的原因 ……………………（80）
　　三、遵循原则的方法 ……………………（81）
　第三节　教育与管理相结合的原则 ………（82）
　第四节　针对性与实效性有机结合的原则 ………（85）
　第五节　思想政治教育与专业知识教育相结合的
　　　　原则 ………………………………………（93）

第五章　大学生思想政治教育工作品牌化的定位与
　　　　顶层设计 …………………………………（96）
　第一节　大学生思想政治教育工作目标定位中
　　　　存在的问题 ………………………………（96）
　　一、目标的缺位 …………………………（96）
　　二、目标定位政治弱化 …………………（97）
　　三、目标定位过分抽象化 ………………（98）
　第二节　大学生思想政治教育工作品牌化的目标
　　　　对象 ………………………………………（99）

第三节　大学生思想政治教育工作品牌化的
　　　　定位…………………………………（101）
　一、大学生思想政治教育工作品牌培育的
　　　内涵……………………………………（101）
　二、利用品牌资产共鸣模型寻找品牌定位
　　　突破口…………………………………（101）
第四节　品牌化视角下大学生思想政治教育的
　　　　顶层设计………………………………（104）
　一、"大思政"理念下的全员培训与全员
　　　执行……………………………………（105）
　二、"大思政"理念下的品牌整合传播……（107）
　三、"大思政"理念下高校第一课堂和第二
　　　课堂的共通融合………………………（111）

第六章　大学生思想政治教育工作品牌化的过程……（113）
第一节　阶段一——规划与执行大学生思想政治
　　　　教育品牌活动…………………………（113）
　一、选择品牌元素，创建大学生思想政治
　　　教育品牌资产…………………………（116）
　二、全方位整合传播，扩大品牌影响力，
　　　提高品牌共鸣度………………………（122）
　三、利用次级品牌杠杆，强化大学生思想
　　　政治教育品牌归属感…………………（125）
第二节　阶段二——评估和诠释大学生思想政治
　　　　教育品牌效果…………………………（127）

一、品牌跟踪与定性定量研究，了解学生
　　　　满意度……………………………………（127）
　　二、综合运用多种现代科学方法，度量教育
　　　　有效性……………………………………（129）
第三节　阶段三——提升和维系大学生思想政治
　　　　教育品牌效应……………………………（130）

第七章　大学生思想政治教育工作品牌化的传播……（133）
第一节　大学生思想政治教育品牌传播的目标
　　　　受众与媒介分析…………………………（133）
　　一、大学生思想政治教育工作形象化展示 …（134）
　　二、大学生思想政治教育工作品牌活动的
　　　　传播方式…………………………………（135）
第二节　大学生思想政治教育工作品牌传播的
　　　　关键因素…………………………………（144）
　　一、注重推广大学生思想政治教育工作
　　　　品牌………………………………………（144）
　　二、维护大学生思想政治教育工作品牌
　　　　形象………………………………………（148）
　　三、培育师资品牌与学生品牌……………………（150）

**第八章　大学生思想政治教育工作品牌活动的绩效
　　　　评估**………………………………………（152）
第一节　评估大学生思想政治教育工作品牌活动
　　　　绩效的必要性……………………………（152）

第二节　大学生思想政治教育工作品牌活动绩效
　　　　评估方法……………………………………（154）
　一、焦点小组访谈法……………………………（154）
　二、品牌投射法…………………………………（156）
　三、情景模拟法…………………………………（158）
第三节　大学生思想政治教育工作品牌的长期
　　　　管理………………………………………（159）
　一、大学生思想政治教育工作品牌的维护……（159）
　二、大学生思想政治教育工作品牌的发展……（162）

附录：不同国家大学生思想政治教育管理的特色……（164）
　一、美国大学生思想政治教育的管理和
　　　特点………………………………………（164）
　二、新加坡大学生思想政治教育的管理和
　　　特点………………………………………（167）
　三、日本大学生思想政治教育的管理和
　　　特点………………………………………（169）

后记………………………………………………………（171）

第一章 导 论

第一节 新时代下大学生思想政治教育工作的背景

一、大学生思想政治教育工作的时代境遇

随着全球化的日益深入,西方国家的各种价值观念和文化思潮大量涌入我国,对大学生的思想产生了巨大的冲击。经济环境、社会环境、文化环境的急剧变化,对大学生思想政治教育提出了新的挑战,也提供了新的机遇。面对当前的各种挑战和机遇,思想政治教育工作必须抓住机会,满足现代大学生日益变化的思想教育需求,实现思想政治教育工作引导人、塑造人、培养人、激励人的现实目标。

(一) 经济全球化带来的文化冲击

自世界经济在 20 世纪末进入全球化时代以来,我国教育市场相对封闭的情形得到了改变,这在我国高等教育发展进程中有着重大意义。在"教育服务"协定中的"开放教育市场"原则的指导下,国外办学、留学教育、人才国际流动、远程教育等活动在教育领域开始广泛地开展。近年来,由于宏观经济增长速度有所减缓,西方国家对我国的留学政

策不断放宽，通过直接向中国招收学生、合作办学、在中国经营等方式招生，使我国留学生的比例有所提升。教育部数据显示，2019年度我国出国留学人数为64.27万人，从1978年到2019年，我国出国留学人数累计达到609.98万人。国外高校具有很多优势，包括人才培养模式新颖、学校文化历史丰富、声誉良好以及奖学金优厚等，这些优势对我国学生具有巨大的吸引力，大批人才走出国门，接受西式教育，国内高校因此流失了大批优质生源。

同时，随着高等教育市场的不断开放，各个国家、民族的高等教育理念产生了摩擦、碰撞，我国高等教育的传统理念也受到了一定的冲击，因此，我们在高等教育过程中就不得不面对西方国家在人才培养上相对宽松的学术氛围的挑战。随着不同国家和民族文化的传入，我国高校学生可以接触到不同的文化和理念，但是，由于大学生的价值观还未完全成型，因此容易受各种社会思潮和流行文化的影响。这些挑战必将引起我国思想政治教育工作者的思考，在面对西方教育理念冲击的同时，既要敢于直面高等教育大市场，也要积极促进西方先进教育观念与中国传统文化相结合。在这样的背景下，我国高校开始重视大学教育品牌的树立，并创设各具特色的思想政治教育模式，通过自身优势吸引更多的资源，提升高校的竞争力。

优胜劣汰是竞争的必然选择，大学生思想政治教育要想在竞争中占据优势，需要在社会上确立自己的形象和地位，因而大学生思想政治教育工作的品牌化建设是发展的必由之路，这关系到一个高校校园文化的核心竞争力与发展特色，在校园文化特色建设中也发挥着重要作用。新的时代背景对大学生思想政治教育工作提出了新的要求，由零散化向系统化转变，由粗放化向精细化转变，由规模化向品质化转变，品牌培育已经成为提高大学生思想政治教育工作的一个重要手段和方法。

（二）高等教育大众化提出新要求

20世纪末以来，我国高等教育取得了跨越式的发展，高等教育也逐渐普及，国际竞争力得到提升。当前我国高等教育规模，以及接受高等教育的人数和入学率已经在国际上位列第一。虽然高等教育大众化为学生提供了更好的学习平台，使更多人可以接受高等教育，但办学规模的迅速扩张也影响了高等教育的培养质量，稀释了优质教育资源。高等教育的发展进入大众化阶段，数量、规模、级别的升格已经不能满足民众对更高质量的高等教育的需求，而必须转变发展模式，优化结构，明确定位，形成具有自我特色的内涵式发展。人才培养作为高等教育的核心工作，必须牢记"培养什么人""怎样培养人""为谁培养人"这三个根本问题。在大众化和普及化的同时，需要由"做大"发展到"做强"，培养思想过硬、全面发展的社会主义建设者和接班人。高等教育的大众化发展使得社会竞争进一步加剧，这种情况下，高校必须要考虑通过大学生思想政治教育的品牌建设，创建一流的大学品牌，以此促进高校整体的发展和提升。

随着高等教育的大众化发展，国家教育部门出台了一系列高等教育的相关政策，使我国高等教育进入新的发展阶段。例如，在制度机制上出现了多元化的发展形势，如高等学校招生制度和就业制度的改革、高等教育收费自主制度、加大实施"高层次创造性人才计划"力度等等;《国家中长期教育改革和发展规划纲要(2010—2020年)》明确提出,加强德育形式的创新,完善德育内容,不断提高德育工作的吸引力和感染力,增强德育工作的针对性和实效性;党的十九大报告也指出,要全面贯彻党的教育方针,落实立德树人根本任务,发展素质教育,推进教育公平,培养德智体美劳全面发展的社会主义建设者和接班人。这些政策的引导为我国高校的改革指明了方向,同时为大学生思想政治教育工作品牌战略的实施提供了良好的政策环境。

(三) 当前高校教育发展的现状

面对当前我国大学生就业压力较大的现实情况,部分学生认为,只要在校期间认真学好每一门课程,提高学习成绩,就能顺利地找到心仪的工作,因此往往只是奔走于教室与图书馆,纯粹地学习课本知识,却忽视了要通过各种校园活动提高自己的实践能力。其实,校园文化活动作为高校办学思想、价值观念、道德情操、传统精神、校风学风等内容的载体,体现了高校的文化氛围和人文精神,承载着育人导向和渗透功能。高校应通过创新校园活动方式,将爱国主义教育、社会主义教育和集体主义教育融入其中,使其发挥思想政治教育的重要功能。

高校作为人才创新的最前线,应当发挥思想政治引领的关键作用。目前,许多大学生对校园活动不够重视甚至"嗤之以鼻",认为与自己无关,没有参加的意愿。在这种心态的影响下,一些大学生无法真正融入高校生活、班集体,甚至出现难以适应大学生活,学习成绩骤降,精神意志消沉,旷课、早退甚至辍学等令人心痛的情况。综上所述，大学生思想政治教育品牌化建设不仅仅是学校的事情，更深刻地影响着每一位学生的个人生活。

"十年树木，百年树人"，大学生思想政治教育品牌并不是一朝一夕可以造就的，它要靠组织内的每个人的全力投入。大学生思想政治教育活动虽然丰富多彩，但是学生参与的热情较低，致使活动逐渐形式化。这主要是因为没有对活动进行长期有效的品牌战略规划，也没有对活动的品牌内涵价值进行深入思考，重数量、轻质量，不能有效提高学生的参与积极性，也无法有效提升学生的实践能力。

在经济全球化的背景下，市场经济的原则对高等教育的发展产生了巨大的影响，高校为了提升竞争力，必须在师资、学术和人才培养方面提升优势，通过加强高校的办学活力以及提升教学质量等方式吸引更多的人才。同时，受到市场利益最大化原则的影响，高校不断扩大自身的办学规模，统筹整合教学资源，降低单位成本，扩大单位产出；高校在组织主体地位原则的号召下，充分发挥自身的办学自主权，加强对就业市场信息的整合分析与判断，并以此为基础平衡人才的需求与供给。思想政治教育对于一所大学的发展具有重要意义，同时也成为各高校之间品牌竞争（实力竞争）的重要影响因素。因此，思想政治教育品牌化建设具有重要的战略发展意义。在此背景下，高校思想政治教育工作队伍应当发挥思想引领、凝心聚力、育生成才的重要作用，通过对大学生思想政治教育的品牌化建设，对学生展开高效的思想政治教育工作，使学生成为适应社会主义现代化建设的高素质人才。

(四) 市场需求的驱动

大学生思想政治教育品牌化的发展顺应了人才需求市场的高要求。随着经济的发展，教育消费上的投入与产出受到家长和学生的关注。高校需要考虑如何在满足学生个性、多元、定制化的学习需求的同时，保证稳定的教育质量，让教育消费发挥其应有的价值。目前，师资欠缺、教学条件贫乏等因素，使得人才培养模式无法做到个性化、定制化，因此，我国高等教育在一定程度上尚未满足社会的需要。一些高校无法结合自身优势创办具有特色的学科和专业，盲目跟风一些所谓的"热门"专业，导致高校的资源被浪费，使教育水平难以得到提升；学生在学习的过程中无法掌握有效的知识，在毕业后不能适应社会对口岗位，就业难度加剧；大学生思想政治教育也没有正确引导学生，使得学生不能够以正确的态度面对困难。因此，促进大学生思想政治教育品牌化的发展是大势所趋。

随着高等教育逐渐向大众化的方向发展，高校与社会间的联系更加紧密，高校在思想政治教育方面的发展也逐渐趋向于市场化和国际化，大学生思想政治教育工作转变为师资数量和质量、教育质量和效率、吸引目标群体学生等方面的激烈竞争。

校园文化活动是大学生思想政治教育工作的重要载体，打造大学生思想政治教育品牌活动更是可以起到引领思想、丰富生活、营造氛围的作用，也可以给大学生搭建一个理论与实践相结合的锻炼自我的舞台。高校应加强对大学生思想政治教育品牌的打造，进而实现对大学生思想政治教育工作的完善，让新时代大学生成为堪当民族复兴大任的时代新人。而在育人过程中，思想政治教育是促进大学生成长和成才的关键，使他们能够汲取思想政治知识的精华，获得参加社会主义现代化建设的能力。

当今世界经济全球化的趋势已使企业之间的经济竞争演变为一场品牌之争，一系列国内知名品牌的成功运作为现代企业的发展带来了新的机遇。高校学生工作者应利用品牌培育研究，为大学生思想政治教育工作找到能发挥其以人为本、育人塑人核心价值的工具作用的途径，在思想政治教育工作与大学生之间搭建桥梁，凸显思想政治教育育人塑人的本质，也让大学生转变对思想政治教育工作的刻板印象，增强大学生对思想政治教育工作的认同感。如果能借鉴商业品牌创建的成功经验，培育思想政治教育工作的品牌，无疑将为提升思想政治教育工作的品质而赢得广泛、持续的教育效益创造新的途径，使大学生思想政治教育能够肩负起社会的责任，坚持以人为本，保持与时俱进，为高校塑造良好的社会形象。

二、大学生思想政治教育工作面临的机遇与挑战

（一）大学生思想政治教育工作面临着全球化的历史机遇

全球化是这个时代的重要特征之一，随着经济的全球化发展，我国的文化、教育等方面也出现新的变革。在经济全球化的发展大潮中，世界上各个角落都面临着改革，而这种影响绝不只是在经济领域，必将逐渐向文化、教育领域蔓

延。这种全球化的发展形势是必然的，也是不可逆的，所以对文化、教育领域的影响也是深刻的、全面的。而思想政治教育作为文化的产物，也面临着历史性的改革，具有更大的发展机遇，同时也面临着更多的挑战。

随着经济的发展，生产要素的流通范围更加广阔，从某个角度来说，这种全球化的流通，使得各国人民都能够享受到物质文明方面的成果。比如互联网的发展促使大学生思想政治教育逐渐开放，教育空间不断拓展，由传统的教育方式转变为现代的教育模式，使得大学生思想政治教育的传播方式更加丰富。这种情况下，全人类的命运成为一个共同体，所以各个国家和民族在行为规范以及价值取向上渐趋统一，特别是在一些全球性的问题上，全人类的思想必须要达成一致。而这种情况促使大学生思想政治教育不断地进行自我反思和改进，对原有的价值体系进行考察，同时对言说方式和话语内容等不断拓展，参与到对全球性问题的研究中去，从而在多元语境的背景下，加强创新能力，促进人类文明发展，走在文明前沿。

全球化不仅是一种经济现象和政治现象，更是一种文化现象。随着文化的交流和合作，各民族之间的文化障碍逐渐减少，冲突逐步缓解，对人类文化和遗产的保护具有重要的作用。全球治理委员会也向全世界发出倡议：全世界的人类都需要遵守所有人都可以接受的核心价值，在自由、正义、公平和生命方面要保持尊重，恪守正直、善良、爱心的人生信条。所以从思想政治教育方面来说，文化的全球化发展也是一个双向的发展过程，需要包容外来文化，同时也需要对本民族的文化进行延伸和拓展。大学生思想政治教育工作也需要乘坐全球化发展这艘大船，顺应潮流，加强内外沟通，通过文化的碰撞和交流来实现创新，促进社会和人类的发展。在参与全球化的过程中形成一种全球化思维方式：使思维具有前瞻性、横向对比性以及综合性和过程性。通过将自身经验与他人的对比，探寻自身的不足，并不断地学习和改进。全球化的发展是现代化发展的重要趋势，人们在对未来的展望中，需要具有前瞻性思维，不断对传统思维模式进行超越。全球化的发展也体现出现代社会发展的特征，在发展的过程中保持前瞻性，打破固有的思维模式，建立理想的生活状态。全球化并没有终点，所以需要无止境地探寻，不能将其简单地作为一个目标，而是不断在原有的基础上进行创新和改革，深刻认识到并不存在完美的制度和政策，而是一种过程性的存在。但是如果没有这种过程性的思维，将无法解释全球化的社会变迁行为。全球化的发展包括特殊化、普遍化、本土化和国际化，具有松散性和综合性的特点，看似悖论但同时具有合理性，符合马克思主义相对论中的民族对于世界的对立统一性。在全球化的发展过程中，我们必须要跳出传统的二分思维方式，采用综合性的思维方式。

全球化进程为丰富大学生思想政治教育内容和话语体系提供了契机。传统的大学生思想政治教育在评价方式上会局限于狭隘的历史经验，对自身的认知不准确，或者认为万事不如人，或者认为自己最好，这种极端认知必然会导致一定的发展劣势。认为自己不如人就会忽视自己的优势，认为自己最好则会看不到自己与他人之间的差距。通过横向思维的应用，可以借鉴大学生思想政治教育工作中一些成熟、先进的文明成果，通过借鉴他人的优势促进自身的发展。前瞻性的思维要求大学生思想政治教育的内容必须体现出时代的发展特点,并站在先进文化的高处,加强对世界文明的引领。传统的大学生思想政治教育更注重教育的效果,缺乏对教育过程的研究。如果忽略教育的过程以及对事物实事求是的调查,只是简单地通过二分法的思维开展大学生思想政治教育,必然会使大学生思想政治教育工作的开展受到严重的阻碍。综合性思维和过程性思维的应用能够转变传统的思维方式,用辨证的思维方式加强对大学生思想政治教育工作的创新。而这种辨证的思维有利于在全球化发展中辨别发展的形势,通过对利弊的权衡和分析,促进大学生思想政治教育工作的健康发展。

(二) 大学生思想政治教育工作面临的现代性挑战

社会生活逐渐呈现出现代性的发展特点,是社会组织的一种显著模式。现代性的发展和演化不断跨越学科,被广泛地应用到社会学、哲学、教育学、人文科学等领域中,影响大学生思想政治教育工作的开展。同时,现代性具有双重作用,其不仅缔造现代文明,也促进了工商业的发展和人们物质生活水平的提升,但是也给人们带来了思维方式、生活方式上的焦虑。所以,马克思对资本主义现代性进行了批判,同时指出现代性不是某一领域、某一方面的问题,而是一个具有整体性的社会问题。[①] 在我们生活的时代,所有的事物

---

① 参见杜晓青《论马克思现代性思想的三重内涵——从马克思的"社会三形态说"谈起》,《淮海工学院学报(人文社会科学版)》2013年第1期。

都存在两面性，人类的发展和进步带来的好处是——物质的力量转化为了具有智慧的生命力，但同时，人类的生命被转化成了一种没有智慧的、愚钝的物质力量。物的世界在增值，而人的世界却在贬值。艾森斯塔特认为，现代性指的不仅是各种宏伟的建筑和景观以及伟大的承诺，还包括一些可能具有毁灭性的事物，如侵略、暴力、战争等。[①] 现代性是我们这个时代的基本特征，这对于大学生思想政治教育工作也产生了诸多挑战。

现代性导致大学生思想政治教育工作面临信仰危机的挑战。美国政治学家迈克尔·罗斯金等认为，国家现代性发展中面临着的诸多危机，可以从五个方面来理解，分别是认同性、渗透性、合法性、分配性和参与性，而造成这五种危机的主要原因是信任危机的出现。[②] 大学生思想政治教育工作中的信任危机可以从两个方面进行理解：第一，理论与现实的统一；第二，变化与稳定的统一。随着人们思想的解放，观念也在不断更新，很多历史被娱乐化或歪曲化，许多社会思潮涌现。特别是近年来影视产业的发展及其对历史的改编，导致历史被解构、碎片化和虚无化。影视工作者为了迎合利益最大化原则，放弃了对艺术的追求以及对美学的执着，一味地迎合大众的娱乐化口味，越离谱、越怪异的东西，就越受到追捧和喜欢。哗众取宠式的历史改编，却可以达到意想不到的社会效果，名利双收，背后隐含的历史虚无

[①] 参见［以］S. N. 艾森斯塔特《反思现代性》，旷新年、王爱松译，生活·读书·新知三联书店2006年版，第188页。

[②] 参见［美］迈克尔·罗斯金等《政治科学》，林震等译，华夏出版社2001年版，第35～37页。

主义不能不引人深思。上述问题都对大学生思想政治教育产生了严重的冲击。

现代性冲击思想政治教育话语权,在全球化的发展背景下,我国思想政治教育方面的话语权在西方思想的冲击下逐渐弱势。就像在好莱坞大片中,美国英雄永远能在灾难危机中及时出现,拯救全人类;以美国为首的西方国家的政治思想、道德原则、文化观念等,正通过互联网,对世界人民的生活方式和观念产生着深远的影响。西方国家通过潜移默化的方式向发展中国家灌输其意识形态及价值观,并由此形成文化霸权。西方价值观对我国传统文化与主流意识形态造成了巨大的冲击,导致大学生思想政治教育的话语权面临挑战。

现代性挑战思想政治教育价值诉求。市场经济、个人主义和民主政治是西方社会现代性的三个主要方面,其中,个人主义的核心理念与价值取向一方面与现代社会产生冲突;另一方面,以物质主义为导向,忽视道德方面的建设,导致人们的精神世界贫瘠。现代性的发展过程中充斥着拜金主义、极端个人主义、官僚主义、消费主义等不良思想风气,削弱了人们对社会理想化的追求,忽视社会公德,这也是社会道德失准的主要原因,而这些思想并没有为人们带来真正的快乐,反而导致人们产生空虚感、悲剧感和孤独感。在经济的发展以及外来文化的冲击下,这种精神危机和失德风险也越来越严重。在市场经济环境下,原本的行为规范、价值概念受到挑战,人们的行为越来越"随心所欲",不再受信仰和道德的约束。同时,随着社会和经济的双重转型,大学生思想政治教育不仅需要应对现代性的发展冲击,还需要准备应对后现代性发展的危机,如反基础主义、极端自由化思想、去组织化等。如果不对这些不良思想进行有效引导和改善，必然会引起个体价值和社会价值间的矛盾，导致个人中心主义膨胀，使人们在社会发展中缺乏对道德、制度以及规范的重视。

第二节 大学生思想政治教育工作品牌化的形成动因

一、大学生思想政治教育工作为何要品牌化

（一）大学生思想政治教育引导当代大学生自觉发展

人的存在与发展总是呈现出自发与自觉这两种状态。其中，自发状态指的是一种低级的、无意识的状态形式，这种状态下的人们缺乏对社会的客观、全面认识，由于思想和眼界的局限，只顾眼前利益。自觉状态则是一种主动性的、高级的，对情况进行全局把握，面向社会整体发展的状态。

在革命战争年代，革命队伍中的成员也存在自发与自觉两种状态。比如在俄国革命斗争中，列宁对革命的自发性和自觉性进行阐述[①]，并提出了著名的"灌输"理论。他认为，自发状态可以视为自觉状态的萌芽阶段，所以可以将自发性视作主体性发展中的初级状态，是自觉性形成的基础。这也是列宁提出没有革命理论就没有革命运动理论的基础。

[①] 参见中共中央马克思恩格斯列宁斯大林著作编译局《列宁全集》第6卷，人民出版社2013年版，第27页。

列宁强调对马克思列宁主义思想的掌握以及工人学习的重要性,并对各阶段的革命发展规律和历史使命等进行总结,进而逐渐由自发革命转变为自觉革命。

这种自发和自觉状态理论对于大学生的成长和发展也同样适用。经济的全球化发展使得部分学生过分重视个人发展,只顾眼前的物质利益,缺乏对世界和国家的发展,以及个人树立长远发展目标的关注,出现了功利性的发展倾向。这种现代发展的自发性,来源于个体发展的经验性,即由于对整体发展的形势及其实质原因缺乏准确判断,局限自我,不够开放。不可否认,个体经验的确重要,但是也不能忽视个体经验的局限性,对于整个社会发展,仅凭个体经验是远远不够的,不仅无法实现大的突破,还可能影响个体的协调发展。这种自发状态的发展形势缺乏正确的思想指导,与战争中的自发性战斗本质上是相同的。这对当前的大学生思想政治教育具有重要的借鉴和指导意义,大学生在思想政治教育中需要尽可能地克服自发性的影响,加强对自觉性的培养。

大学生从自发性向自觉性的发展过程,需要思想政治教育的引导。在这个过程中,大学生必须认识到自身发展中的自觉性,并将这种自觉性与自身成长和社会发展结合起来,消除对社会和他人的依赖,能够独立进行价值判断,正确认识到自身发展的重要作用,并将其作为生存发展的重要方式。同时,大学生还需要根据社会发展趋势,保证自身发展与社会发展的一致性,结合社会发展中的开放性、竞争性和复杂性等特点,打破传统观念和方式的束缚,加强自觉发展的动力。最后,大学生需要结合我国社会的整体发展趋势和要求，坚定理想信念，摒弃传统的自身发展限制因素，不断超越和完善自己，并形成良好的自觉发展习惯。

大学生的自觉发展如果仅仅凭借自身的探索和体验是无法完成的，还需要树立正确的世界观，以及面向未来和现代化的发展观念，打破个体认知以及只关注于眼前利益的局限性，加强对中国特色社会主义思想的学习。只有掌握并运用中国特色社会主义思想，大学生才能够确定正确的发展目标和方向，进而获得更强大的动力。通过对中国特色社会主义思想的学习，使个体行为不断完善，逐渐进入更高层次的自觉发展状态。而大学生个体自觉发展状态对国家、民族、家庭及个人的发展都具有积极的作用。面对国内外激烈的竞争，仅满足个人的目标是远远不够的，必须要拓展发展的视野。所以，大学生思想政治教育必须肩负起引导大学生由自发发展状态向自觉发展状态过渡的责任。大学生只有完成这种转变，才能够将个人的发展与国家的发展结合在一起，并通过理论与实践的结合、短期利益与长远发展的结合，不断地发展和完善自己。

（二）大学生思想政治教育促进学生全面发展

人的全面发展，是指根据人应有的属性，全方位地展示和开发自己的属性。人在生活中需要拥有生存与发展的物质条件、社会联系与精神存在，不仅注重对自身特色的发展，同时也需要根据自己的实际情况全面发展。在不同的历史阶段，全面发展的含义也存在较大的差距，历史发展中的人们总是表现出片面发展状态，这归根结底是受到生产力水平制约的结果。

克服"道德人""经济人""工具人"的局限,才能真正在当代社会条件下引导大学生全面发展,根据个体属性的发展,使大学生实现物质与精神、理论知识与实践能力以及心理和生理方面的全面发展,进而逐渐成为一个综合发展的个体。

党的十九大报告再次强调,在全面建成小康社会的决胜期,要按照党的十六大、十七大、十八大提出的全面建成小康社会的各项要求,紧扣我国社会的主要矛盾变化,统筹推进经济建设、政治建设、文化建设、社会建设、生态文明建设,坚定实施科教兴国战略、人才强国战略、创新驱动发展战略等,全面提升我国的物质文明、政治文明、精神文明、社会文明、生态文明。这些理论和政策的实施为大学生的全面发展提供了有效的指导。

在高等教育开放的条件下和市场机制的作用下,大学生思想政治教育和一些价值取向受到西方"神本""物本"价值观的严重影响。部分大学生在市场经济机制的影响下,更重视对价值的量化、指标化,对于一些无法量化、指标化或者无形的价值重视度不足。同时,社会上存在的单纯追求经济指标等现象,也会对大学生的价值取向产生影响。于是,一些重物质轻精神、重生理轻心理的现象在大学生群体中出现。这种价值取向上的偏差,已经导致了很多不良后果。例如,一些大学生思想上出现迷惘与困惑,却不愿意主动追寻解决的办法;一些大学生则出现浮躁、焦躁等情绪,在各种激烈的竞争中,常常怨天尤人并且中途放弃,甚至患上严重的精神疾病;等等。这些大多是价值取向出现偏差的后果。因此,高校在大学生思想政治教育工作中需要与当前的市场环境及实际发展情况等进行有效的结合，坚持马克思主义、科学发展和全面发展理论，将理论与实际相结合，加强对全面性发展的重视，明确由于片面性认知而存在的问题，彻底贯彻和落实大学生思想政治教育工作，适应人的发展趋势。

（三）大学生思想政治教育对大学生持续发展的促进作用

持续发展指的是人在实现现代化发展的过程中，为得到长远发展而不断进行自我超越。人与社会的发展具有相似性，同样具有短期发展和长期发展、持续发展与间断发展、缓慢发展与快速发展等形式。在持续发展的战略下，个人的发展也必须要保证全面性、长远性和持续性。面对日益激烈的竞争、日新月异的现代科学技术、千变万化的社会信息传播方式，我们不仅仅要注重个人发展，同时也要为个人发展提供有效的保障。做好个人的持续发展，需要将社会、自然、个人三方面结合起来，既不能使个人的发展孤立存在，也不能将个人发展与社会发展对立起来。在持续发展过程中，最关键的因素是人，因此必须要坚持以人为本。

在现代社会发展过程中，社会和自然的发展存在严重的不平衡，而这种不平衡体现的不仅是科学技术问题，更是人的伦理道德不持续、不协调发展，甚至是伦理道德缺陷等多种问题。在大学生中，有些人极端重视物质价值，忽视精神价值和人文精神，过于注重功利性，使得自身发展动力不足；有些人过于追求对世俗的享受，或者沉溺于虚拟的网络世界，同时过于在意自身的感觉，在人际交往中缺乏对他人的关怀，虽然能够获取眼前的短期利益，但是后劲不足，无法获得长期发展。如果大学生的这些发展情况没有引起思想政治教育工作者的重视，得不到引导，会导致人才的发展前景受到限制。因此，必须要提高对大学生思想政治教育的重视程度，克服个人发展中的实用性、功利性倾向，树立有针对性的发展目标，实现短期发展与长期发展的有效结合。

21世纪的人才培养中最重要的是创新精神的培养，而创新精神包括团队精神、奉献精神、批判精神、科学精神等，这些都可以通过大学生思想政治教育进行培养。创新精神的培养需要有科学的发展观、世界观。首先，树立科学发展观和世界观是大学生思想政治教育的目标，世界观的培养需要基于马克思主义基本立场。其次，创新精神是一种有理想的精神，需要大学生具有坚定的思想信念，而这也是大学生思想政治教育中的重点内容。大学生思想政治教育中需要树立马克思主义政治信仰，树立建设中国特色社会主义的共同志向，树立共产主义的远大理想。只有这样，才能够使大学生具有创新的动力和执着的追求，进而加强实践活动的创新。最后，创新精神是一种奉献精神，其中既有风险，也存在很多不确定因素，创新不可避免地会出现失败。大学生思想政治教育应该培养学生乐于奉献、勇于创新、艰苦创业的精神。奉献精神需要体现出团队精神。这要求大学生不仅需要具备专业技能和扎实的知识，还要能够良好地处理人际关系、协调团队间的关系。科技的发展对人才的综合能力要求更高，个体创新工作不能独立存在，还需要人才之间在知识、条件等各个方面的互补，大学生思想政治教育必须注重对人与人的合作以及集体主义精神的培养。此外，创新精神也是一种批判的精神，所有的创新都是对旧理念、旧规则的突破和超越,而这需要一种批判意识和怀疑精神。大学生思想政治教育则强调解放思想、实事求是、与时俱进,不断地对思想政治教育方式方法进行创新。

二、大学生思想政治教育工作品牌化的意义

高校育人工作的中心环节即加强大学生思想政治教育。在思想政治教育活动中,尤其要把思想政治素质的培养放在首要位置。大学生之所以会在理想信念、价值取向等方面出现迷茫等现象,主要是因为在目前社会转型的形势下,社会问题层出不穷,历史与现实、传统与现代、本土文化与西方文明等多重因素交织,引起了前所未有的文明之间的冲突和碰撞。为此,必须要重视大学生思想政治教育,切实解决大学生的实际思想问题,并培养全面、综合发展的社会主义接班人,为社会主义事业的发展作出应有的贡献。

对大学生思想政治教育的改革和完善必须要与时俱进,加强创新,不断对新形势和新情况进行深入理解,同时提出相应的解决思路和对策。本书在对大学生思想政治教育的研究中,主要思路为思想政治教育工作品牌化的发展,通过对当前大学生思想政治教育工作品牌化相关学术研究的理论借鉴,结合当前大学生思想政治教育工作的自身性质,对大学生思想政治教育工作品牌培育实施的可行性和具体方法进行分析,同时将研究重点放在大学生思想政治教育工作品牌和路径的培育方面,为大学生思想政治教育工作的品牌培育提供有效的思考空间和借鉴价值。

实现大学生思想政治教育工作品牌培育,对不断提升我国大学生思想政治教育水平具有重要意义。在充分认识当前

大学生思想政治教育工作存在的问题的基础上，思想政治教育工作者应利用商业品牌管理的理念，打造具有针对性、高效性、独特性的品牌培育模式，有步骤、有方法地推进四阶段模型品牌培育，即识别、确立品牌定位和价值，品牌规划与执行，评估和诠释思想政治教育品牌效果，提升和维系思想政治教育品牌效应，从而建立健全大学生思想政治教育工作的品牌培育机制，促进大学生思想政治教育工作的创新发展，并提升其感染力。

第三节　基本思路和研究方法

一、基本思路

本书以大学生思想政治教育工作为研究出发点，探寻将其品牌化的必要性和可行性，希望可以对大学生思想政治教育工作品牌化起到丰富、扩展的作用，同时希望寻找到将理论与实践良好结合的大学生思想政治教育的新形式。

本书的主要内容包括八个章节。第一章为研究背景及意义，介绍国内外大学生思想政治教育工作的环境形势、本书的内容框架及需要解决的问题。第二章对当前大学生思想政治教育工作的具体开展情况及其存在的问题进行分析，主要包括对大学生的思想、心理状况的分析，并指出当前大学生思想政治教育工作存在的不足。第三章以当前大学生思想政治教育工作的核心理论为依据，以大学生思想政治教育工作品牌化为切入点，结合大学生思想政治教育的概念、特点、过程及基本规律，全面分析了大学生思想政治教育工作品牌化带来的机遇以及面对的挑战。第四章是对大学生思想政治教育工作品牌化的基本原则进行阐释。第五章对大学生思想政治教育工作品牌化的定位与顶层设计进行讨论，指出目前大学生思想政治教育目标定位中存在的问题，明确大学生思想政治教育工作品牌化的目标对象，说明了大学生思想政治教育目的与教育目标的区别和关系，从而提出品牌化视角下大学生思想政治教育内容体系构建的目标要求。第六章根据品牌化视角下大学生思想政治教育管理的特点，提出加强我国大学生思想政治教育的具体措施及阶段运行路径。第七章是对大学生思想政治教育工作品牌化的传播的分析，探讨了传播的目标受众与媒介，以及影响传播的关键因素。第八章详细说明了品牌化视角下大学生思想政治教育的实践，包括评估大学生思想政治教育工作品牌活动绩效的必要性、规划并执行品牌的活动、监控和评估品牌工作的绩效、提升和维系已有的品牌成效及品牌化视角下大学生思想政治教育的设计。

二、研究方法

研究方法是开启学科研究大门的钥匙，也是开展大学生思想政治教育基本规律研究的工具和武器。正如毛泽东同志所指出的："我们不但要提出任务，而且要解决完成任务的方法问题。我们的任务是过河，但是没有桥或没有船就不能过。不解决桥或船的问题，过河就是一句空话。不解决方法的问题，任务也只是瞎说一顿。"[①] 也就是说，如果没有完

[①] 毛泽东：《关心群众生活，注意工作方法》，《毛泽东选集》第1卷，人民出版社1991年版，第139页。

成任务的方法,那么任务的提出就是一种形式主义。对于大学生思想政治教育工作品牌化研究来说,研究方法就是最终建立品牌的桥或船。

本书在研究方法上始终坚持贯彻马克思列宁主义、毛泽东思想、邓小平理论和"三个代表"重要思想,以科学发展观为统领,以习近平新时代中国特色社会主义思想为指导,以马克思主义哲学为世界观和方法论,始终坚持历史唯物主义和辩证唯物主义的哲学观。本书主要采用了文献分析法、比较分析法与访谈法等来完成研究;此外,还进行了包括经济学、管理学等跨学科的分析研究。希望通过研究,能够使理论更具科学性、综合性,坚持理论与实践、个别与一般、定性与定量相融合的方法论原则。

(一) 文献分析法

文献分析法,就是通过对研究对象的相关文献资料的收集、整理和分析,对研究对象的现状、基本情况、研究进展等进行了解和分析,并以此为基础引出自己的观点。通过文献分析法,可以使调查者对研究对象有初步的了解和认识,掌握研究对象的历史发展动态,特别是对于一些无法接近的研究对象的了解,具有重要的借鉴作用。文献分析法应用的内容,包括对相关研究资料的收集和分析,对收集的相关文献和资料进行分析,对已经收集到的公开出版的书籍等进行整理。

本书所使用的文献资料主要是关于品牌概论、品牌价值、品牌树立作用、准确定位,以及大学生思想政治教育工作的相关著作、学术论文、研究报告、相关的政策文件及相关网站的原始资料。通过对上述文献资料的梳理，总结出目前我国大学生思想政治教育工作的现状和存在的问题，并归纳其发展的内在逻辑与规律，梳理出大学生思想政治教育工作品牌化的现状及其对教学的启示作用。除了对文献材料进行细致印证与梳理以外，本书还十分注重对文献资料的阐释与评价。

（二）比较分析法

比较分析法主要应用于自然科学或社会科学等研究领域，通过观察和分析的方式对研究对象之间的异同进行对比，通过观察、分析，找出研究对象之间的相同点和不同点。它是认识事物的一种基本方法，有助于正确认识研究对象的本质和普遍规律，从而对其作出正确的评价。本文以大学生思想政治教育工作为基点，通过对纵向时间轴和国内外影响因素的比较，在总结特点、经验与教训的基础上，提炼对大学生思想政治教育工作品牌化的有益借鉴与启示。

（三）访谈法

访谈法是一种研究性交谈，通过口头的表达方式，就根据调查问题拟好的访谈提纲对受访者展开询问，并根据受访者的具体回答，搜集客观的、不带偏见的事实材料，从而准确地说明样本所要代表的总和。尤其是在研究比较复杂的问题时，需要从研究对象身上收集多方面的资料，可以通过访谈法灵活、深入地获取较为真实的信息。本书通过对教师、学者、学生的访谈，从理论层面厘清问题，准确定位我国大学生思想政治教育工作中存在的问题，分析产生问题的原因,根据品牌化视角下大学生思想政治教育管理的特点,提出加强我国大学生思想政治教育的基本设计、具体措施及阶段运行路径,完善品牌化视角下大学生思想政治教育的实践工作,提升已有的品牌成效及品牌化视角下大学生思想政治教育的设计水平。

第二章 大学生思想政治教育效果分析和工作现状

第一节 当代大学生的思想状况和特征

随着我国迈入中等收入国家的行列,从整体上来看,当代青年的物质生活水平与父辈相比,实现了质的跃升。① 共青团中央书记处第一书记贺军科撰文指出当代青年群体的新特征:当代青年知识储备丰富,视野格局开阔;在城乡间、境内外的流动十分频繁,社会分布多元;个性更加鲜明,网络化生存趋势明显;利益诉求多样,现实压力较大。这些给新时代青年工作的开展提出了挑战。② 大学生是青年群体中的高知识群体,高校是社会文化思潮交融、交锋的前沿阵地,因而,研究大学生的思想状况和特征,是开展大学生思想政治教育的前提和基础,也是进行思想政治教育工作品牌化设计的重要切入点。

教育部连续 26 年在全国部分省、区、市开展高校师生

---

① 参见贺军科《如何做好新时代青年工作》,《中国共青团》2020 年第 11 期,第 2～5 页。
② 参见贺军科《如何做好新时代青年工作》,《中国共青团》2020 年第 11 期,第 2～5 页。

思想政治状况滚动调查,从广大高校学生的政治立场,对党的领导、党和政府工作的认可度,对国内外时事热点的观念态度,对维护国家统一、民族团结、社会稳定的认同度,对学校工作的评价,对立志成长成才、提升道德素养、投身社会实践的意识和行动等方面进行调查,近年来的调查报告表明,当前高校学生思想主流持续积极、健康、向上。一些专家学者承担国家、教育部的重要课题,开展大学生思想政治状况研究。例如,沈壮海课题组连续5年开展"中国大学生思想政治教育发展报告"项目研究,2019年11月发布的新近一轮调查表明,"当前大学生思想政治状况呈现积极健康向上的良好态势,高校思想政治工作扎实推进,成效显著,得到了大学生群体较高的评价";大学生高度认同"国无德不兴,人无德不立""培育和践行社会主义核心价值观人人有责""有梦想、有奋斗、有奉献的人生,才是有意义的人生""人生梦是国家梦、民族梦、个人梦的有机统一"等理念。①

与此同时,大学生群体中的一些问题也值得关注。2004年,中共中央国务院出台《关于进一步加强和改进大学生思想政治教育的意见》,对大学生思想状况的描述是:"国际国内形势的深刻变化,使大学生思想政治教育既面临有利条件,也面临严峻挑战。国际敌对势力与我争夺下一代的斗争更加尖锐复杂,大学生面临着西方文化思潮和价值观念的冲

---

① 明海英:《〈中国大学生思想政治教育发展报告〉研究成果在汉发布》,中国社会科学网,http://www.cssn.cn/sklt/sklt_xmcg/201911/t20191125_5047692.shtml,2019年11月25日。

击,某些腐朽没落的生活方式对大学生的影响不可低估","一些大学生不同程度地存在政治信仰迷茫、理想理念模糊、价值取向扭曲、诚信意识淡薄、社会责任感缺乏、艰苦奋斗精神淡化、团结协作观念较差、心理素质欠佳等问题"。近年来,随着国际国内形势的不断变化,大学生的思想状况也呈现出新的特点。新时代思想政治教育工作必须重视和关照大学生的思想发展状况,思想政治教育工作的品牌化设计也需要把握这些新特征。

一、大学生理想信念坚定,人生态度积极

2013—2017年连续5年的大学生思想政治状况滚动调查显示,大学生对于"没有理想信念,理想信念不坚定,精神上就会'缺钙'"的赞同比例分别为92.7%、93.1%、93.0%、93.7%、92.3%,且"对以习近平同志为核心的新一代中央领导集体衷心拥护、充分信赖,对中国特色社会主义事业和全面建成小康社会、实现中华民族伟大复兴中国梦充满信心"。连续5年对大学生进行"您认为当前影响我国社会稳定的最主要因素是什么"的调查中,大学生认为影响我国社会稳定的最主要的三个因素,2013年是"涉及国家主权、民族利益和尊严的重大事件"(40.9%)、"区域发展不平衡,个人收入差距扩大"(40.6%)以及"腐败问题"(44.3%);2014年是"涉及国家主权、民族利益和尊严的重大事件"(44.3%)、"区域发展不平衡,个人收入差距扩大"(43.1%)以及"民族分裂活动"(41.7%);2015年以后趋于稳定。不难看出,当代大学生能够根据现实情况对影响我国社会稳定的情况作出正确的判断,大学生对中国特

色社会主义制度的理解和认同进一步增强。一项针对全国160所高校的2855名大学生用户开展的微博大数据调查显示[1]，当前大学生的人生态度积极向上，对未来抱有信心。他们常以"加油""努力"来自我勉励，较少发表"迷茫""困惑"的思绪感言；大多数大学生有长期或短期规划，有理想抱负，胸怀天下，关心社会，追求幸福美好的生活，希望在为社会奉献中实现自己的人生价值。在学习上，他们多数能珍惜大学的美好时光，渴望学到更丰富的知识，注重锻炼自己各方面的能力；在生活上，他们大多数人格独立，视野开阔，思维活跃，善于独立思考，能辩证地看待问题，希望与人进行沟通交流，从中追寻真理，希望在对社会现实的思考中寻觅真知。在微信、微博和百度贴吧中，广大学生网民成为自觉维护祖国统一和民族团结的中坚力量。例如，在西方媒体对新冠疫情防控"双标"问题、华为被"封锁"问题上，网络社交平台上的青年人共同表达了中国青年真挚的爱国情感；"一点都不能少"的中国地图图片席卷朋友圈；制作改革开放四十年成长瞬间的PS图片；对国家领导人的赞誉；等等。以上行为，表达了当前大学生对党、国家和民族的信心进一步增强，对中国特色社会主义道路的高度认同和支持。

二、政治认知现实性与理想性共生

随着移动互联网的发展，青年大学生接受政治信息的渠

---

[1] 参见王帅《改革开放以来大学生思想热点演进研究》，东北师范大学博士学位论文，2019年，第124～126页。

道变得多样化，视角更加丰富，政治认知呈现出主导性与模糊性同在、现实性与理想性共生等特点。一方面，互联网时代的大学生在接受政治知识的主渠道上往往是被动的，对政治问题的复杂性估计不足，容易以偏概全。年龄越小、学历越低、经济条件越差的青年的政治认知的变动性越大，年龄越大的青年的政治认知的现实性越强。互联网的虚拟性、便捷性，使得大学生更容易沉溺于虚拟世界中的交流，影响了他们在现实世界中的政治习得能力；互联网的开放性使得多元文化价值并存，大学生浓烈的求知欲与好奇心容易导致其突破主流意识形态的庇护；互联网的隐匿性容易削弱大学生的政治责任感，从而放纵自己的政治行为。另一方面，国家在加强互联网监管立法和阵地管理建设方面不断取得进展，"网络非法外之地"，主流意识形态的主导性明显增强。大学生作为网络"原住民"，在亲身实践中客观提高了网络素养和鉴别能力，在大是大非面前具有一定的政治定力。在2019年8月"力撑港sir，护我中华"的"爱国青年网络出征"活动中，"饭圈女孩""帝吧网友"等多个网络圈的网友组成线上联盟，统一调度行动，显示出网络政治动员的强大力量。

三、现代社会元素中的自我关照

大学生思想呈现出多样化特征，时事、娱乐、体育、历史、文化、教育等，都可以成为热点。而不同学段、不同学科、不同学校层次的学生，在关注热点方面亦存在不同。可见，思想热点主题的多样化与大学生思维主体的复杂性存在一定关系。从需求层面理解，随着国家综合实力的增强，人民的物质生活水平得到提高,大学生的关注点愈发多样,说明大学生在精神生活和情感体验方面有了更高的追求。当前大学生主要是"95后",他们有更丰富的物质条件来满足其兴趣爱好。有研究显示,"95后"明显较前辈更热爱游戏电竞及动画动漫。同时,"95后"大学生又具有高孤独感和高话语权,对情感的需求浓郁,对话语权的要求很高,需要平等对话的态度和机会。大学生处在步入社会的适应期,经济基础、经济政策、经济发展趋势等对大学生的思想变化起着决定性作用,大学生思想热点总是直接或间接地反映了社会经济基础状况。现今阶段与改革开放以来的其他阶段相比,引发大学生关注的热点问题更加具体、实际,大学生的人生价值追求从社会价值主导向在创造社会价值中实现自我价值转变。今天社会的多样性是影响大学生思想的最复杂的因素,也是思想政治教育最大的变量。但是,无论社会发展到哪个阶段,社会因素复杂性达到何种程度,个人与他人、个体与集体、青年与国家永远是大学生关注的热点,也是他们必须处理好的现实问题。所以,现代社会元素中的自我关照,是当代大学生思想热点的回归,也是值得引起重视的一个新的课题。

四、网络亚文化的表达渗透

大学生历来是思想活跃的群体,对新兴事物充满好奇,对多元文化的接纳度较高,乐于尝试新鲜事物,因而在话语表达上往往新颖有趣。大学生往往是各种网络流行词的最先使用者和传播者。而移动互联网的发展,推动了各种亚文化的发展,让亚文化有了更多的表达方式。网络空间中的文字、图像、声音、视频影像等符号互动杂糅，网络流行词、表情包等的更新速度越来越快，都在一定程度上活跃了各种亚文化；如今盛行的流行语文化、"粉丝"文化、弹幕文化、直播文化、网游文化、网聊文化、自拍文化等，都无比依赖网络传播；"佛系大学生""今天很丧"等表达层出不穷。同时，网络信息的发展也带来了海量的新奇事件以及社会负面信息，导致大学生在道德认知方面产生了一定的困惑，传统的"个人利益服从集体利益""多讲奉献少讲索取"，与市场经济条件下多元价值现实的"集体为主兼顾个人、既奉献又索取、义利并重"发生了碰撞。"扶不扶"一度成为大学生的热门议题。还有网络暴力、"键盘侠"的存在等，使得网络成为一种新的社会力量的动员方式。有研究显示，除浏览转发信息、参与群众讨论外，还有少数大学生会发起或参加群组的线下活动。

第二节　影响当代大学生思想状况的主要因素

从宏观层面上看，影响当代大学生思想状况的因素包括社会因素和高校因素，其中的社会因素还分为经济因素、政治因素和文化因素。从微观个体上看，则包括家庭因素和个人因素。

一、社会因素

首先是经济因素。马克思主义认为，社会的发展是由多种动力形成合力而推动的，其中，经济是社会发展的核心动力。经济基础决定上层建筑，对国家而言，经济的建设与成就极易引起政治、法律等上层建筑的变化；对个人而言，经济的发展最容易导致人们的思想发生变化。中国国内生产总值1978年时仅为3645亿元，位居世界第十位，2008年超过德国，位居世界第三位，2010年超过日本，位居世界第二位。投资、消费、出口成为拉动经济增长的"三驾马车"，产业结构不断升级，经济结构不断优化，进出口贸易逐年增长，人民消费能力不断提高，恩格尔系数逐渐下降，抗御全球经济金融风险的能力显著增强。一方面，在国家改革发展的进程中，大学生是经济建设成就的见证者和享有者，见证了深圳速度、高铁速度、航天速度。巨大的变化、变革增强了大学生的自信，提高了大学生的幸福感和获得感，极大地增强了大学生对所谓"西方现代生活方式"带来的感官刺激和精神诱惑的辨别力、免疫力和抵抗力，同时也激励着大学生更加脚踏实地地创新奋斗。另一方面，由于我国经济社会发展不平衡不充分的状况仍旧突出，城乡发展不平衡、中西部发展不平衡、教育发展不平衡等深层次问题依然严峻。经济发展虽然创造了更多的经济岗位，为大学生提供了广泛的就业机会，但是大学生更多地流向北上广深等一线城市，经济欠发达地区对大学生仍然缺乏足够的吸引力。此外，面对庞大的人口基数和复杂的社会结构，利益结构的调整和经济发展的不平衡引发了不同群体利益诉求的冲突，导致一些社会群体的相对剥夺感和社会不满情绪增加，不同利益群体之间的矛盾深刻影响着社会的稳定发展。大学生作为社会中的一个特殊群体，具有无依附性的社会阶层的特性，对各种社会问题非常敏感，十分关注贫富差距导致的阶层间的对立。

其次是政治因素。大学生是国家宝贵的人力资源，是最有激情和梦想的一个群体。从世界范围来看，任何国家都尤为关注高校这一阵地。例如，美国倡导"三权分立的政治制度和民主、自由、平等、博爱的价值理念"，新加坡提出"三兼顾、五强调"，日本注重大学生高度的组织化和政治化……这些国家通过不同的途径和方式对大学生进行意识形态教育。因此，高校应该坚持用科学思想引领、武装大学生的头脑，打牢思想基础。教育环境的开放性、教育对象思想的多变性、办学主体的多元化，都对大学生思想政治教育工作提出挑战，所以，牢牢把握大学生思想政治教育工作的领导权、管理权和话语权至关重要，关系到社会主义事业能否后继有人。主流意识形态的引领要坚持动态发展的原则，立足社会现实，掌握大学生的思想变化规律和特征，因材施教，做到"时、势、事"相结合，同时巩固壮大大学生思想政治教育工作者队伍，加强对思想政治教育工作的管理和建设，改变传统的单方面灌输的教育方式，采用显性和隐性相结合的方式，尊重大学生的主体意识，进行情感沟通，唤起大学生道德情感的升华，培养合格的社会公民，为大学生形成健康的思想观念提供动力支持、精神保障。

最后是文化冲突。一是文化冲突和价值多元消解了大学生对我国传统的主流思想的认知。经济全球化带给大学生的不仅仅是先进的信息技术和无国界的商品流通，还有价值层面和体制层面的思想冲击。中国加入世界贸易组织后，大学生受经济全球化的影响更为明显，西方个人主义思潮导致部分大学生心灵空虚、思想迷惘，精神追求向消费主义、享乐主义倾斜，与我国传统的爱国主义、集体主义、社会主义的主流思想形成对立，削弱了大学生的主流价值观，进而引发信仰迷失。二是在世界日益变成一个"地球村"、国与国之间的界限逐步被打破的背景下，大学生的全球意识增强，国家和民族意识淡化，出现了"爱国主义教育是不是与时代合拍"的疑问；只看到差距，看不到优势，对外国盲目崇拜，对祖国妄自菲薄，在心态上的躁动化倾向和社会观念上的趋利性表现明显，受到了"金钱拜物教"的影响。以美国为首的西方国家以经济全球化为借口，借机输送西方政治制度和道德观念，推崇"普世价值"。其实，所谓"普世价值"不过是一种伪善和噱头，使得少数缺乏判断力和分辨力的大学生的爱国主义思想出现偏差，甚至引发信仰危机，怀疑马克思主义的科学性和正确性。三是本土文化和外来文化、主流文化和非主流文化、先进文化和落后文化、大众文化和精英文化之间的相互碰撞，造成大学生文化的迷失、内心的冲突。各种文化、思想轮番登场，处于世界观、人生观、价值观形成过程中的大学生不知该如何正确树立三观，思想存在困惑，甚至极有可能会受到侵害和腐蚀。例如，经济全球化仍由西方发达国家主导，他们借助经济全球化，助推政治全球化，企图建立单极化的政治格局；鼓吹文化全球化，提倡"人权高于主权""全球民主化论"，推崇"海洋文明"，反对"黄土文明"；等等。这些思想文化对大学生的负面影响是客观存在的，在一定程度上也导致部分大学生的国家安全观念淡化。

二、高校因素

大学生并非直接暴露在社会环境之下，他们的学习、工作、生活，虽然不像中学那样完全处于象牙塔中，但也是以高校为中心的，因此，无论是世界观、人生观、价值观的形成，还是心理健康的培养，高校都起着不可忽视的重要作用。

在教育内容上，习近平总书记在全国高校思想政治工作会议上强调，高校立身之本在于立德树人。宋代司马光对"德"与"才"做过精辟的分析："才者，德之资也；德者，才之帅也。"古人倡导的"志不强者智不达""大学之道，在明明德，在亲民，在止于至善"，早已明确诠释了中国教育德育居首的文化基因，今天依然具有鲜明的时代意义。[①]但在实际工作中，"重智育、轻德育"的现象还长期存在，有的高校过多强调大学是一个"学术机构"，高校德育工作常常"说起来重要、做起来次要、忙起来不要"。现行高校德育教材内容陈旧，政治性强，缺乏时代性、人本性和前瞻性。

在师资队伍方面，总体来看，当前我国思想政治理论教师队伍的建设无法满足社会的发展要求。办好思想政治理论课的关键在于教师，要想完善思想政治理论课教师队伍，必须从以下方面进行：首先以专职教师为主，保证师资的稳定性，采用专兼结合的原则，建设素质优良的思想政治理论课教师队伍。改革开放以来，尤其是党的十八大以来，教育部和学校都采取了多项措施加强思想政治理论课教师队伍建设，取得了显著成效。但当前高校思想政治理论课教师队伍

[①] 参见张烁《把思想政治工作贯穿教育教学全过程　开创我国高等教育事业发展新局面》，《人民日报》2016年12月9日。

的数量、质量不能适应新时代学生思想政治教育需要的问题依然存在，学科建设也存在意识不强、经费投入不足、评价激励机制有待完善等问题。部分高校没有意识到思想政治理论课的重要作用，在教师队伍建设中对教师的素质要求不高，同时教师数量不足，无法满足教学要求，存在缺乏优秀的年轻带头骨干、学科支持力度不足、教研组织缺乏规范性等问题。这些因素降低了思想政治理论课的效能，使得这些高校的大学生难以通过思想政治理论课实现提高思想认知和心理健康的受教育目的。

三、家庭因素

从社会单位的设置来说，家庭是最基本的社会单元，是人类最基本、最重要的一种群体形式，是最基本的社会细胞组织。家庭是子女的第一所学校，父母的言传身教对子女的性格、心理、日常习惯的影响是潜移默化的，同时还是根深蒂固的。父母平日的种种行为从小塑造着子女的思想和观念，父母的道德品格会直接影响子女道德体系构建的效果。然而，在中国式教育的大背景下，家长往往只重视子女的智育，忽视了德育，从而埋下了大学生在思想、心理上存在种种缺失的种子。部分家庭的父母没有给子女传递正确的价值观、中华民族优秀的传统文化，反而做出一些不良的示范。如今的物质生活日益富足，而有些家庭平时的铺张浪费行为，对子女的各种物质要求从不拒绝，让子女产生了对这种行为的一种"自然而然"的错觉，也滋生了大学生之间的攀比行为；有些父母存在不同程度的偷税漏税行为，并且在家毫不掩饰地谈及这些话题，子女也就习以为常；更有甚者，有些不法公务员将其贪污行为带入家庭，带动子女一起参与腐败贿赂，不仅对其思想和心理造成恶劣影响，甚至导致子女犯法入狱，对其人生产生无法挽回的巨大损失。

多数大学生是独生子女，是家庭关注的中心、整个家庭的聚焦点。作为独生子女，他们从小成长于长辈的宠爱之中，极容易形成以自我为中心、责任意识淡薄的性格。一方面，为了让子女考上大学，家长们大包大揽，尽心尽力替子女做一切事情，只为给子女腾出时间学习，让子女"一心只读圣贤书"，滋生了其养尊处优、衣来伸手、饭来张口的不良习惯，造成子女自理能力缺乏、自制力低下，丧失了中华民族的优秀传统文化——艰苦奋斗精神。另一方面，作为独生子女的当代大学生从小缺乏玩伴，集体意识不强，与人缺乏沟通交流，进一步导致其理性思维、分析选择等能力的缺失，也容易使他们将所观察和了解到的一些社会消极现象当作社会本质，而不去思考这些现象是否符合正确的道德观和价值取向。

四、个人因素

大学生正处于个人世界观、人生观、价值观走向成熟的重要时期。然而，恰由于大学生的社会阅历不深，面对社会上诸多良莠不齐的现象难辨真伪，对社会转型期的不良现象缺乏正确认识，导致部分大学生在面对某些两难选择时举棋不定，内心充满矛盾和困惑，一方面想践行优良的社会主义价值观，另一方面又不想放弃眼前的利益。可以理解为，责任意识的淡薄、反思能力的缺失是大学生在思想、心理上存在种种问题的内因。

此外，一些大学生对社会上的不良示范缺乏基础的判断，仅仅将个人利益作为衡量准则，对自身有利的就认可和接受，对自身不利的就用各种理由搪塞。例如，一些大学生对于考试作弊不以为耻，反倒嘲笑那些脚踏实地的学生，这类认知上的偏差对大学生的思想、心理教育造成了极大的负面影响。

第三节　大学生思想政治教育工作的理念发展

大学生生活在大学校园内，相比于家庭、社会，高校对其潜移默化地进行影响的因素更值得我们去探究。大学生思想政治教育作为高校帮助大学生树立正确的世界观、人生观、价值观，抵御不良思想的侵蚀，培养良好的心理素质的主要方式，其重要性是不言而喻的。

2004年，中共中央、国务院在《中共中央国务院关于进一步加强和改进大学生思想政治教育的意见》（中发〔2004〕16号）中明确指出："大学生是十分宝贵的人才资源，是民族的希望，是祖国的未来"，"加强和改进大学生思想政治教育，提高他们的思想政治素质，把他们培养成中国特色社会主义事业的建设者和接班人，对于全面实施科教兴国和人才强国战略，确保我国在激烈的国际竞争中始终立于不败之地，确保实现全面建设小康社会、加快推进社会主义现代化的宏伟目标，确保中国特色社会主义事业兴旺发达、后继有人，具有重大而深远的战略意义"。

2007年，党的十七大报告指出，要加强和改进思想政治工作，注重人文关怀和心理疏导，用正确方式处理人际关系。动员社会各方面共同做好青少年思想道德教育工作，为青少年健康成长创造良好社会环境。①

2012年，党的十八大报告指出，要加强和改进思想政治工作，注重人文关怀和心理疏导，培育自尊自信、理性平和、积极向上的社会心态。深化群众性精神文明创建活动，广泛开展志愿服务，推动学雷锋活动、学习宣传道德模范常态化。②

在2016年举办的全国高校思想政治工作会议上，中共中央总书记、国家主席、中央军委主席习近平出席会议并发表重要讲话。他强调，高校思想政治工作关系高校培养什么样的人、如何培养人以及为谁培养人这个根本问题；教育强则国家强，高等教育发展水平是一个国家发展水平和发展潜力的重要标志。实现中华民族伟大复兴，教育的地位和作用不可忽视。我们对高等教育的需要比以往任何时候都更加迫切，对科学知识和卓越人才的渴求比以往任何时候都更加强烈。③ 他指出，要保证思想政治教育工作开展的针对性，并提升思想政治教育工作的亲和力，促进学生的成长。

2017年，党的十九大报告指出，要加强和改进思想政治工作，深化群众性精神文明创建活动。弘扬科学精神，普及

---

① 参见胡锦涛《高举中国特色社会主义伟大旗帜 为夺取全面建设小康社会新胜利而奋斗——在中国共产党第十七次全国代表大会上的报告》，人民出版社2007年版，第31页。

② 参见胡锦涛《坚定不移沿着中国特色社会主义道路前进 为全面建成小康社会而奋斗》，人民出版社2012年版，第32页。

③ 参见张烁《把思想政治工作贯穿教育教学全过程 开创我国高等教育事业发展新局面》，《人民日报》2016年12月9日。

科学知识，开展移风易俗、弘扬时代新风行动，抵制腐朽落后文化侵蚀。推进诚信建设和志愿服务制度化，强化社会责任意识、规则意识、奉献意识。①

2019年，习近平总书记主持召开学校思想政治理论课教师座谈会，并在会议上指出，中国特色社会主义教育的开展中，必须要做好思想政治教育，为社会主义接班人塑造好思想政治灵魂。同时，实现对大中小学思想政治教育开展的统筹规划和一体化建设，将其作为一个系统的研究工程，促进思想政治教育工作的健康发展。思想政治教育要从娃娃抓起，整合古今中外各种资源，尤其是要挖掘绵延几千年的中华优秀传统文化中的时代价值和教育价值，发挥思想政治理论课对大中小学学生的铸魂育人作用，这是当今时代最大的"国防"事业，是事关中华文明基因传承的重要工程，也是中国文化与中国理论对人类文明的重要贡献。

党中央、国务院的重要文件对思想政治教育工作的一次次强调，足够说明思想政治教育工作对于我们国家和民族而言难以撼动的重要意义。而大学时代是青年们思想、心理逐渐走向成熟完整的时期，思想政治教育作为高校德育的主要内容，深刻影响着大学生世界观、人生观、价值观的形成，是未来社会稳定和国家富强的基础。

---

① 参见习近平《决胜全面建成小康社会 夺取新时代中国特色社会主义伟大胜利——在中国共产党第十九次全国代表大会上的报告》，《人民日报》2017年10月19日。

第四节　大学生思想政治教育过程中的主要问题

中国高等教育的教学模式、教育主体和环境都已经发生了变化，但大学生思想政治教育内容的改进却跟不上时代进步的步伐，以下四个方面的问题也慢慢地显露了出来。

一、注重形式，忽视内涵，吸引力不足

大学生思想政治教育的各项活动应重视其内涵建设，特别是要吸收中华民族优秀传统文化中的精粹，并加以推广弘扬，培养大学生的民族自信心。然而在大学生的思想政治教育中，不管是在校内进行理论学习，还是在校外进行参访实践，都存在着重形式而轻内涵的倾向。组织者往往在形式上给予充分的重视，加大经费投入，注重宣传力度，力图提升全校上下对思想政治教育工作的重视，使得思想政治教育工作得以顺利进行。但是高校对于思想政治教育活动中的精神内涵的重视程度还普遍不足，而精神内涵是思想政治教育的核心和重点，是思想政治教育的重要组成部分，更是高水平和高品位思想政治教育的标志，是其存在的内在价值和意义所在。各所高校的地理位置、历史发展背景以及办学精神等都存在差异，使各所高校都具有独特的个性特征。同样地，每所高校中的各个院系也各具特色，理应形成符合院系特色的思想政治教育。但是，各高校及其各院系在思想政治教育工作中，忽视了本校、本院系的自身特色、文化内涵等要素，在思想政治教学内容、形式等方面趋于雷同，活动开展

类似，缺乏个性化。

具有自身特色的大学生思想政治教育活动，应贴合高校、院系文化，可以提高学生对其的认同度和归属感，学生参与的积极性高、主动性强，相反则会丧失其对于学生的吸引力。特别是当思想政治教育与学生专业要求不符时，对学生创新性思维的发展不利，无法体现大学生思想政治教育开展的多样性，使其作用无法得到有效的发挥。大多数学生眼中的思想政治教育是呆板、无趣的，是一个被动参加的僵化模式，因此他们也就只想敷衍了事。这种局面其实极大地影响了大学生思想政治教育的工作效果，不仅难以体现大学生思想政治教育的本质，而且浪费了大量的思想政治教育资源以及师生的时间和精力。

二、授课方式陈旧，创新性不足

我国高校思想政治教育的主要途径是通过课堂的理论课程进行教学，采用"老师灌输，学生被动接受"的教育方法，无法发挥学生群体的积极主动性，也没有相对成形的教育方法和载体。

一方面，大学生思想政治理论课的主要教学方式是灌输式的，思想政治理论知识与大学生思想政治素质的培养之间的联系不紧密，对学生能力的培养认识不足，难以达到有效的教学效果。虽然在当前的高校教育中，多媒体等现代化教学手段被广泛采用，但是在具体的应用中仍然存在很多问题，或者使用不足，或者使用过于频繁，导致其教学作用不突出，影响了教学效果的发挥和提升。过于关注"教"的过程而忽略了"学"的过程，没有从大学生的角度出发去设计教学流程，只是将丰富的思想政治教育内容当作个体外在的规范和条条框框，导致思想政治教育在具体的实施过程中过于僵硬、刻板和单一，实践性及灵活性不强，使教育效果受到影响。

另一方面，大学生思想政治教育的内涵必须与具体的教育方法和载体相适应。思想政治教育具有独特的内涵和概念，在教育过程中需要具有独特的教育方式，不能仅采用灌输式的教学方法，还需要大学生群体的积极投入，需要情感内化和行为实践等多个教育过程，否则将无法发挥思想政治教育的实效性。以天津某高校为例，大学生思想政治课的上课地点由教室变成动漫产业园的设计室和大沽炮台的展厅，上课形式由 PPT 讲解变成边走边看边讲，连教师也变成设计师和讲解员，把社会实践的"活水"注入理论深奥艰涩的思想政治教育中，让大学生更能感同身受。

三、缺乏科学性的考核，学习效果难以体现

思想政治教育理论课作为大学生思想政治教育的主要形式，在考核方式的设计上没有体现出科学性和合理性。思想政治教育理论课的考核方式多为计分考试，其中很大比重的考试内容为单项选择题、多项选择题、填空题、简答题等，对于学生的考察大多是需要学生背诵的内容，少有题目考察学生自己的思想和观点。部分大学生感觉思想政治教育理论课枯燥无味，在平时上课时不认真听讲，甚至不来上课，在考试复习时，仅需花一周时间死记硬背考试范围内的知识点，便可获取高分。这种平时不认真听课，却在考试中得高分的"高才生"在学生群体中产生了极大的不良影响，越来

越多的学生效仿他们，思想政治教育理论课上认真听讲的学生寥寥无几，考试复习周却迎来空前浓厚的"学习"氛围，这无疑又步入了应试教育的老路，导致学生的学习效果、思想政治教育的成效都大打折扣。

除了思想政治教育理论课，一些校外的实践活动也渐渐成为大学生思想政治教育受到广大学生群体欢迎的方式。如何保证更具趣味性和参与度的实践教学的质量，成为思想政治教育工作者不得不考虑的一个重要问题。而考核方式的设计，又在很大程度上决定了学习过程的质量。上海某高校采用师生共享课堂的方式，以开放的姿态深入探讨具体案例、最终形成课堂报告的形式进行考核。学生具有更大的选择范围，可以根据自己的兴趣爱好合理选择题目，并在教师的引导下，通过查找资料、小组讨论等方式制作PPT，并结合真实案例，通过激烈讨论和集思广益，呈现出丰富多彩的案例讨论课程。在课程准备及开展的过程中，学生非常积极地参与到讨论和辩论中，使思维得到发展；同时，学生在质疑、研究和分析的过程中更有利于加深对这些问题的认识。也正因为积极参与其中，每位同学都必须在课堂上进行展示，"搭便车"等应付的情况自然减少了，思想政治教育理论课变得有趣又收获满满。

四、大学生思想政治教育工作队伍建设方面的问题

大学生思想政治教育工作者是思想政治教学的设计者、组织者，同时也是帮助大学生提升自身素养的指导人员及其道德行为的指引者，因此在工作中必须要加强对工作经验的总结，提升对思想政治教育理论的研究，更好地适应新的情

况，同时注重思想政治教育的实践研究。《中共中央国务院关于进一步加强和改进大学生思想政治教育的意见》明确指出："所有从事大学生思想政治教育的人员，都要坚持正确的政治方向，加强思想道德修养，增强社会责任感，成为大学生的指导者和引路人。"要想更好地适应思想政治教育工作，必须要保证提升思想政治教育工作者的素质，使其成为一名合格的思想政治教育人员。作为一名合格的大学生思想政治教育工作者，必须要有过硬的政治素质、科学的思想方法、崇高的道德品格、精湛的业务素质和合理的知识结构。

首先，大学生思想政治教育工作者的学识层次不够立体化。目前，我国高校的绝大多数思想政治教育工作者都具有人文社会科学背景，这在一定程度上有利于思想政治教育工作的开展。但进入21世纪以来，大学生的视野不断开阔，加上青春期叛逆心理的影响，如果只是按照以往的常规方式进行思想政治教育工作，就很难适应新时代的潮流。了解大学生的思维方式及其内心想法是做好思想政治教育工作的前提，具有自然科学背景的教育工作者会更熟悉理工科同学的思维模式，这也更加有利于思想政治教育工作的开展。所以，建立一个学识层次立体化的思想政治教育工作队伍很有必要。但是，目前我国思想政治教育工作队伍中只有较少比例的人具有理工科、逻辑学、信息技术学等背景，知识层次过于单一。

其次，我国大学生思想政治教育工作者在继续学习方面缺乏系统性。从事任何职业、任何工作都要求不断地学习，不断地充实、提高自己，人的一生也是不断学习的一生。大学生思想政治教育工作者尤其需要持续系统地学习，不断扩展自己的知识面。这是因为，作为一名教育工作者，特别是思想政治教育工作者，承担着帮助大学生树立正确的世界观、人生观、价值观的责任，只有不断充实自己，才能完成引导大学生成长成才的任务，而这些都要依靠不断地学习。例如，一名优秀的思想政治教育工作者必须具备优秀的演讲能力，而演讲能力的提高除了一些技巧外，更在于一个人知识的沉淀、修养及知识面的宽广。因此，不断地学习是一名合格的思想政治教育工作者的基本要求。

最后，大学生思想政治教育工作者创新思维不足。毛主席说过："马克思主义要用人民群众喜闻乐见的方式去讲解。"[1] 也就是说，要用人民群众能够听懂的、喜欢的方式去解读，群众才会乐于接受。当然，如今高校的思想政治教育工作也应该与时俱进，不断创新教育方式，要创造出让大学生喜闻乐见的思想政治教育模式。

进入网络化时代后，网络终端的发展越来越微小化、便捷化，手机成为应用数量最广泛的网络终端。通过对手机用户的调查分析可知，大学生已经成为网民中的主力大军。而网络覆盖面越来越广，网络媒体也广泛发展，对大学生的世界观、人生观、价值观都产生了重要的影响。从当前大学生思想政治教育工作者的情况来看，组成人员不仅包括高校的党政干部，还包括理论教师、专职及兼职辅导员或学生干部，这些人员具有一定的思想政治教育理论和相关的业务基础，但在思想政治教育的具体开展中可能缺少互联网思维，

---

[1] 毛泽东：《在延安文艺座谈会上的讲话》，《解放日报》1943年10月19日。

或者对网络知识的掌握不足。在处处需要网络的新时代，部分思想政治教育工作者缺乏通过网络开展思想政治教育的经验和手段，特别是一些年纪比较大的思想政治教育工作者难以适应网络时代的思想政治教学要求，不了解网络技术的应用内涵及其具体的应用方法，对于网络对大学生思想政治教育的影响作用认知不清。因此，在网络时代下，大学生思想政治教育工作队伍建设中仍然存在一定的改善空间。

第三章 大学生思想政治教育工作的新理念与新方法

第一节 大学生思想政治教育工作品牌化成为迫切需求

影响大学生思想发展状况的因素有社会因素、高校因素、家庭因素和个人因素,由于大学生的学习和生活都离不开高校,因此,高校因素对大学生的影响尤为重要。改革开放以来,大学生思想政治教育形成了以课堂教学为主渠道,综合运用创新方法路径的工作格局,思想政治理论课程体系、内容结构不断调整、充实和完善,学科教材、队伍等方面的建设不断加强。

首先,新时代下,思想政治教育工作进入新的发展阶段,工作项目逐渐品牌化、精品化,以期形成可复制、可推广的工作模式,提升大学生思想政治教育的质量。其次,时代的进步、科技的进步带动了经济、社会、文化的协同发展,高校教育也从课堂讲授向多方面共同教育拓展。网络的发展,带来了微博、微信公众平台、专题网站等教育资源,思想政治教育面临的环境与以前大不相同。大学生思想的独立性、选择性和多样性,促使教育的方法手段不断更新、与时俱进。最后,当代大学生是独生子女的一代,性格多以自我为中心,要激发学生成长发展的内在动力,更加需要思想政治教育工作的品牌化、精品化来破解思想政治教育所面临的难题。相对于以教学为主的、平铺直叙的教学手段的单一乏味,需要进一步提升思想政治教育的品质和内涵,以品牌化推动思想政治教育的范式更新,解决当前的种种问题。

21世纪是品牌的世纪,大学生思想政治教育的市场化和国际化也渐趋成熟,要在激烈的竞争中赢得一席之地,创建品牌就成为大学生思想政治教育工作的必然选择。结合商业品牌创建模式和大学生思想政治教育的特色,加强对大学生思想政治教育品牌化发展,不仅顺应时代的发展,也是德育的一种全新改革;而根据学生需求定位的教育品牌也将在学生群体中拥有更高的认可度,这便从两个源头上解决了大学生思想政治教育存在的种种问题。因此,思想政治教育品牌化是新时代提出的新要求,必须要加快大学生思想政治教育工作的改革步伐。

第二节 大学生思想政治教育工作品牌化带来的机遇和挑战

通过前文的分析可知,大学生思想政治教育工作中仍然存在很多的问题,与此同时,全球化带来的西方文化冲击,网络时代的种种特点,构成了思想政治教育工作品牌化的内外环境。切实推进大学生思想政治教育工作品牌化,将会为大学生思想政治教育工作带来一些机遇,也不可避免地要迎接严峻的挑战。

一、大学生思想政治教育工作品牌化带来的机遇

（一）品牌化作为载体，为大学生思想政治教育工作带来的机遇

伴随着科学技术的进步、网络时代的冲击，大学生思想政治教育的载体渐趋丰富。在大学生思想政治教育的载体中，处于主要地位的仍然是思想政治理论课，作为辅助支撑的是思想政治教育工作者组织的一些实践活动。伴随着网络时代的到来，人们的通信工具、搜集和浏览信息的工具发生了天翻地覆的改变。微博、微信逐渐走入人们的日常生活，甚至成为不可或缺的一部分。在这种时代背景下，一些与思想政治教育相关的微博、微信公众平台、专题网站也逐渐发展起来，成为大学生思想政治教育的隐性载体，对大学生思想政治教育工作具有重要的促进作用。

大学生思想政治教育对学生的德育来说是一种显性载体，也就是一种外显性的思想政治教育方式，是大学生人才培养计划体系的重要组成部分。其中的主体便是思想政治理论课和思想政治教育实践活动。大学生思想政治教育的品牌化，是站在分析学生需求的角度进行设计的，贴合学生的实际情况，更加便于被学生接受。学生一旦接受和认可了某一品牌，便可以很容易地对该品牌进行延伸和扩展，设计出新的思想政治教育活动。例如，"雷锋精神"以及围绕其所展开的系列学习活动，可看作一个思想政治教育品牌，如"雷锋精神学习月""争做活雷锋，从我开始""雷锋日"等。又如，"长征精神"也是一个众所周知的思想政治教育品牌，

伴随着"重走长征路"等活动,其所弘扬的中华民族不屈不挠的精神也因此深入人心。正因为"雷锋精神""长征精神"早已耳熟能详、深入人心,以其为基础派生出来的一系列思想政治教育活动,也就很容易被大学生群体认可和接受。一个思想政治教育活动,在大学生群体中有了认可度,那么其活动质量、活动效果便能够得到保证。

当然,在大学生思想政治教育工作中,深入人心的品牌绝不仅限于"雷锋精神""长征精神"。一个深入人心的品牌,必然是中国优秀传统文化的精粹,是一个思想政治教育项目多次实施的沉淀,为了贴近学生生活进行一步步的改进,直至深入人心。有了这些被广为接受和认可的品牌,便可以像"雷锋精神"一样,拓展和延伸出一系列子品牌,设计出广受学生群体认可的思想政治教育项目。由此可知,对大学生思想政治教育项目进行品牌化运作,有利于对思想政治教育的显性载体进行拓展。

大学生思想政治教育的隐性载体,就是不在明面上,而是潜移默化地对大学生群体的世界观、价值观、人生观的形成构成一定影响的载体。很显然,其重要性并不亚于思想政治教育的显性载体。在网络一步步走入人们日常生活的时代背景下,微博、微信公众平台、专题网站上形形色色的信息对于大学生群体的思想观念产生着不可忽视的影响。基于此,大学生的思想政治教育也应利用这些网络渠道,这就是利用隐性载体进行思想政治教育。

试想一下,假设在微博、微信公众平台、专题网站上,有两种内容和方式相似的思想政治教育项目进行同步宣传,但是第一个项目具有一个深入人心的品牌,另一个项目的名字却没有什么可以吸引学生的地方，甚至在一些学生眼中是枯燥无味的代名词，那么一个普通学生会点击哪个进行浏览呢？很大的概率将是第一个。因为品牌化的思想政治教育项目更易于被学生接受，而另一个则被学生"自然而然"地忽略了。其实这是很容易理解的，在这个信息化的时代，大学生每天接触的信息成千上万，肯定没有办法每一条都仔细浏览。想博得学生的眼球，必须具有特色，必须具有吸引力，这就演变成了一场信息之间的竞争。在这场激烈竞争中，毫无疑问，具有品牌的思想政治教育项目或者说品牌化的思想政治教育项目是更具有吸引力的，所以它是竞争的赢家。而缺乏品牌定位的思想政治教育项目，便成为这场竞争的输家，难以逃脱被淘汰的命运。

由此可知，在大学生思想政治教育工作中，虽然显性教育与隐性教育都有各自的优势，但不可否认的是，它们都存在一定的局限性。因此，要想提升大学生思想政治教育的作用，必须要将显性教育与隐性教育的资源进行有效结合，并合理地优化配置，使之在思想政治教育中都能够充分发挥优势，共同促进大学生思想政治教育的顺利开展。在显性教育中适当融入隐性教育的内容，形成渗透式的教育模式，这既是隐性教育的重要手段和方式，同时也是大学生思想政治教育中隐性教育与显性教育结合的重要渠道。通过生活化和科学的手段使思想政治教育目标和内容渗透进学生的生活，注重对良好校风、班风等风气的营造，使大学生在日常的生活和学习中受到熏染，在潜移默化中接受和感悟思想政治教育内容，在愉快的学习过程中，日积月累地使学生的思想和品质从量变向质变飞跃，提升学生的综合素质。因此，在大学生思想政治教育中必须要注重将显性教育与隐性教育有效结合起来。

此外，大学生思想政治教育中显性教育的隐性渗透也非常重要。显性的思想政治教育在教育目标上比较明确，所以在显性教育中必须要注重其隐性渗透。在显性教育中保证课堂知识的严谨性、系统性及前瞻性，同时还要注重对授课方式、教学熏陶及价值观念传递等方面的研究，使教学氛围更轻松、自然、和谐，保证教学的趣味性、生动性，使大学生在学习的过程中能够实现理性与感性的有效结合，进而使信息的传递更顺畅、有效。

（二）品牌化在大学生思想政治教育工作中的信息传达机遇

在实施大学生思想政治教育的过程中，如何使信息在各高校之间、高校各院系之间传达，在思想政治教育工作者和学生之间传达，在学生内部传达（即学生将所学知识内化为自己的理论），成为思想政治教育工作者需要考虑的重要问题。品牌化的出现，使得大学生思想政治教育的信息传达在上述三个层面都更加及时，大大提升了思想政治教育的质量。

首先，通过思想政治教育品牌化，使得教育信息在各高校之间、高校各院系之间的传达更有效率。我国各高校都在开展思想政治教育活动，彼此之间会形成一种相互学习、你追我赶的态势，以竞争、共赢的局面推动我国思想政治教育的高速发展。倘若各高校没有形成自己的品牌特色，仅仅依据党中央、教育部的意见框架，而没有结合学校实际，在模式、内容、方法上都会趋同，那么也不会有信息交流和竞争一说。如果各高校依据其历史沿革、办学地域、学科构成、学生特点进行精细的自我定位，因地制宜地设计出具有自身特色的品牌，那么该思想政治教育项目将更容易被其他高校识别，各高校也可以根据其品牌轻易分离出思想政治教育的特点和优势，作为学习的模板。将以上论述推广到高校各院系之间，也是适用的。而品牌化的思想政治教育项目有利于各院系明确自己的特点和优势，也有利于各院系之间思想政治教育的信息传达和学习进步。

其次，思想政治教育品牌化使得信息在大学生思想政治教育工作者和大学生之间的传达更加及时、迅速。大学生思想政治教育工作者要将思想政治教育的内容传递给学生，一般有三条途径：一是思想政治理论课；二是其组织的思想政治教育实践活动；三是通过微博、微信公众平台、专题网站传播的思想政治教育信息。

在思想政治理论课上，乍一看思想政治教育是否品牌化好像对于信息传达没有什么影响，老师讲课学生听讲，信息便在这一过程中完成了传达，何来影响一说？其实不然，因为品牌化了的思想政治教育课程是深入人心的，是被大学生群体广泛接受的，对于这样的课程，学生的出勤率是能够得到保证的；而对于缺乏品牌化的课程，相对来说，也失去了对学生的吸引力，对于一些不怎么重视课堂纪律的学生来说，就很有可能不去上这种他认为"枯燥无味"的课程。无疑，经过品牌化的课程比起未经过品牌化的课程，拥有更高的出勤率。对于思想政治教育工作者组织的实践活动，一个经过品牌化的实践活动，在学生群体中享有更高的认同度，对于学生具有更高的吸引力，相比于未经过品牌化的实践活动，它将带来更高的参与率。网络时代催发了第三种思想政治教育方式，也就是通过微博、微信公众平台、专题网站等进行大学生思想政治教育内容和精神的传播，相较于前两种方式，这种传播方式传播的内容更多、范围更广。但是正如前文所言，这是一个信息竞争的时代，能不能在成千上万的信息中脱颖而出，吸引大学生群体的注意，就是经过品牌化与未经过品牌化的思想政治教育项目的主要差别。因此，经过品牌化的思想政治教育项目将带来更高的点击率、更高的出勤率、更高的参与率，从信息传达的角度看，就是信息的传达更加及时、有效。试想一下，假设某些会议精神需要在大学生群体间进行学习和扩散，使用经过品牌化的思想政治教育项目和未经过品牌化的思想政治教育项目，就存在着较大的差别。品牌化的大学生思想政治教育项目可以一次性传播给更大范围的学生群体，而未经过品牌化的思想政治教育项目只能传播给小范围的学生群体，然后再由这些学生群体在日常的学习生活中，用潜移默化的影响方式传播给其他学生，这个过程中可能发生二次传播、三次传播等，传播的过程会变得更加冗长。

最后，品牌化使得信息在大学生内部的传达变得更加迅速、扎实。信息在大学生内部的传达，其实就是学生将从思想政治教育工作者处学习到的知识或精神进行内化，形成自己的理论的过程。在这个过程中，经过品牌化和未经过品牌化的思想政治教育项目的内容也会存在差别。未经过品牌化的思想政治教育项目，学生对其可能是陌生的，甚至在一开始会有一些抵触情绪。因此，有部分大学生在学习结束之后，或者实践活动结束之后，没有将自己学习到的知识进行总结、内化，没有及时温故而知新，学习仅仅成为一个必须要参与的过程，思想政治教育项目的内容只进入了学生的耳朵，却没有进入学生的内心。也就是说，在从"入耳"到"入心"的这条传达渠道中，思想政治教育中的知识逐渐被遗忘，教育效果和质量难以提升，这显然是思想政治教育工作者不希望看到的。而经过品牌化的思想政治教育项目已经深入人心，学生对其已经有了初步的理解，在吸收老师传授的知识时，从"入耳"到"入心"的这一传达过程也将变得更加迅速、扎实，学生的学习效果得到了质量保证。

（三）品牌化在大学生思想政治教育空间、领域和模式上存在的机遇

上文写了思想政治教育的品牌化如何让信息在各高校之间、高校各院系之间、大学生思想政治教育工作者和学生之间、学生内部的传达更加及时有效，这是时间的层面，可以称之为"长度"。下文将在空间层面进行讨论，即"广度"。具体地说，通过大学生思想政治教育品牌化，有利于对教育空间、领域以及模式等方面进行拓展。

首先，品牌化拓展了大学生思想政治教育工作的空间。这是因为，相比未经过品牌化的大学生思想政治教育项目，品牌化的思想政治教育项目的知名度更高，在宣传方面占有更大的优势。例如，"雷锋精神""雷锋精神学习月""雷锋日"等思想政治教育品牌项目，作为我国优秀传统文化的精粹，经过一代代人的发扬光大，已经成为中国人民家喻户晓、深入人心的品牌。而"长征精神"则以丰富的影视作品

和文学著作为媒介，助推"重走长征路"等活动深入人心。

如果和一个未经品牌化的思想政治教育项目相比，两者的影响范围自然高下立判。高校建立的思想政治教育品牌，由于沉淀时间等原因，影响范围或许比不上"雷锋精神""长征精神"，但也会比未经过品牌化的思想政治教育项目要广得多。没有经过品牌化，思想政治教育项目便只靠思想政治教育工作者努力进行灌输和宣传，大学生群体没有主动去探索和学习，甚至可能对其产生抵触情绪。因此，这种思想政治教育在大学生群体内暂且不能全覆盖，可能仅仅是一些学生干部、参与思想政治教育工作的学生助理能完整地接收到信息。而经过品牌化的思想政治教育项目，不仅可以迅速在大学生群体间进行宣传和推广，甚至由于其广泛的民众认可度和接受度，借助于目前日新月异的自媒体的传播，影响范围可以溢出大学生群体，影响到大学生的家人、其高中的学弟学妹等群体。基于上述理由，大学生思想政治教育工作者在设计品牌化的思想政治教育项目时，其考虑因素可以不仅限于在校的大学生，也可以根据大学生的家人、其高中的学弟学妹来设计，既能够影响大学生的家人，也能够间接地对大学生的世界观、价值观、人生观产生影响，达到大学生思想政治教育的目的。

其次，品牌化拓展了大学生思想政治教育工作的领域。在品牌化概念出现之前，大学生思想政治教育的领域局限性比较大，主要是思想政治理论课和大学生思想政治教育工作者组织的实践活动，工作模式没有创新，久而久之，可能会引起大学生的厌烦情绪。但品牌化概念的出现却很好地解决了这一问题。这是因为，品牌化的思想政治教育项目可以延伸到学生日常生活的方方面面，而不仅仅局限在思想政治理论课等传统领域。如"雷锋精神读书月""清华大学学生红色网站""冬至包饺子——感恩党带给我们的幸福生活"等品牌项目，与传统的思想政治教育活动不同，读书、吃饭、上网已经渗透了大学生的学习、生活，在这种新的思想政治教育传播领域，因为更加贴近大学生的实际生活，大学生对这些品牌项目更加容易接受，也能产生更高的认同度。比起未经过品牌化、局限在传统领域的思想政治教育项目，毫无疑问，其教育效果是具有质的提升的。

最后，品牌化拓展了大学生思想政治教育工作的模式。相较于前两点，这个拓展是比较明显的。对传统的思想政治教育项目而言，没有考虑品牌化，其工作模式存在简单化、机械化倾向，在教育方式和工作模式上完全是照本宣科，以教学大纲或者上级下发的通知要求组织教学课程和实践活动，整个过程缺乏创新，渐渐走入机械化的局面。一些比较负责任的思想政治教育工作者，会去思考如何提高思想政治教育项目在大学生群体中的认可度和影响力，但效果不佳。而品牌化概念出现之后，极大地拓展了大学生思想政治教育的工作模式。思想政治教育工作者不再将思想政治教育当成上级下发的"任务"去完成，而是在上级总体要求的基础上，思考如何设计、创造品牌。从识别和确立思想政治教育品牌定位和价值，到品牌营销活动的规划与执行，再到品牌化效果的评估和鉴定，最后到思想政治教育品牌效应的维系和提升，思想政治教育工作者更注重对品牌化的投入，大学生思想政治教育的模式得到了拓展。

（四）品牌化在大学生思想政治教育工作的开放性和自主性方面带来的机遇

目前，高校教育已经逐渐从精英教育走向大众教育，大学生与社会的联系也日益密切。在这种转型过程中，大学生思想政治教育的市场化和国际化模式渐趋成熟，大学生思想自由、接触信息丰富、选择多样、判断能力缺失等情况也日益突显，因此，新的时代背景对大学生思想政治教育的要求更高：由粗放化向精细化转变，由零散化向系统化转变，由规模化向品质化转变，品牌培育应当成为提高大学生思想政治教育的重要方式和途径。通过对思想政治教育的品牌化培育，有利于为思想政治教育工作的开展提供一个更具信息竞争、品牌竞争或者说教育竞争的市场，同时使得该市场的开放性、自主性更强。

一方面，大学生思想政治教育工作品牌化为教育开放性提供了有利的条件。在传统的思想政治教育中，思想政治教育工作者根据教学大纲和上级下发的通知要求来组织思想政治理论课程和实践活动，缺乏品牌化的各高校对于自身特色没有找到清晰的定位，因此，思想政治教育项目逐渐趋同，各高校之间难以形成信息交流，更谈不上"开放"一说。如果各高校依据自身特色设立了自己的品牌，便形成了百家争鸣的竞争形势。当前的大学生思想政治教育环境处于相互学习、取长补短、进步迅速的状态，不具有开放性的大学生思想政治教育品牌就会被市场淘汰，因此，各高校的思想政治教育品牌应该积极地实现更高的开放度，以适应这个教育竞争市场的潮流。另外，在如今网络发展迅速、自媒体发达的时代背景下，通过品牌化发展，能够提升思想政治教育信息交流的及时性。通过品牌化的发展形式，使思想政治教育内容更容易被理解和接受，在时间上传播得更及时，在空间上传播得更广泛，这对于大学生思想政治教育的开放无疑是一个巨大的推力。所以，品牌化扩大了大学生思想政治教育的开放性，开放性也同时促进了一定程度上的创新性。创新是当前社会对人才的基本要求，也是大学生思想政治教育工作品牌化的核心目标。通过品牌化的方式，有利于通过已有的教育方式、观念等对思想政治教育进行创新，同时，面对新形势、新时期出现的新问题，探讨和总结大学生思想政治教育品牌化的方法、内容、机制和载体。另外，通过思想政治教育品牌化的发展，还有利于提升思想政治教育工作者自觉创新的意识和勇于创新、开拓进取的勇气。

另一方面，品牌化提升了大学生思想政治教育的自主性。传统的大学生思想政治教育的自主性是较少的，或者说其自主性没有得到充分体现。品牌化的思想政治教育项目在这方面有很大的改善，在教育活动中完全按照大学生的特点，以及高校的特色、历史沿革、所处地域、生源特点进行品牌的识别、定位，进行品牌活动的规划和执行。在遵守上级总体要求、保证思想政治教育的正确发展方向上，思想政治教育工作者可以将更多的执行权掌控在自己手里。这种自主性的方式，可以具有针对性的、贴合学生实际地开展思想政治教育，更有利于大学生思想政治教育在教育竞争、品牌竞争的市场上占据一席之地。

（五）品牌化在大学生思想政治教育主客体信任度上带来机遇

前文论证了品牌化的"长度""广度"，接下来将讨论"深度"，即品牌化传播的多边性和平等性，能够提升思想政治教育工作者与学生之间的信任度。

品牌化的大学生思想政治教育的传播具有多边性，这种多边性体现在思想政治教育的受众范围上。前文也已经提到，品牌化的大学生思想政治教育的传播范围已经不仅限于接受教育的在校大学生，由于其较高的民众认可度和接受度，在大学生群体作为一次传播接受者的基础上，必然会引发一定规模的二次传播、三次传播等，由大学生群体将那些深入自己内心的理论讲述给自己的亲人、朋友，对他们产生一定的影响。除此之外，品牌化的大学生思想政治教育还能借助微博、微信公众平台、专题网站进行迅速的传播，其受众必然不只是在校大学生，那些关注高校相关信息的人，或者与在校大学生有丝丝缕缕联系的人，都有可能获得相关教育信息。

大学生思想政治教育工作品牌化，有利于教育内容传播的平等性，这种平等性体现在不同群体对于思想政治教育内容信息的获得程度上。传统的思想政治教育面对的群体仅限于在校大学生，或者修读思想政治教育课程的大学生，或者参加实践活动的大学生。而其他人，如大学生的亲朋好友、已毕业校友等，他们能够接收到的思想政治教育内容是很少的，甚至根本没有接收过类似信息，即他们对类似信息的获得程度低。因此，对接受思想政治教育的大学生和未接受思想政治教育的其他群体而言，其传播存在不平等。除此之外，在接受思想政治教育的大学生内部，其传播亦存在不平等的情况。这是因为思想政治理论课和实践活动并不能保证参与率和出勤率，所以在校大学生对于思想政治教育内容的实际接收程度也有差异。积极上课、积极参加活动、对思想政治教育内容感兴趣的学生，对思想政治教育内容的接收就会更多一些，而另一部分相对消极的大学生对思想政治教育内容的接收则比较少。而品牌化的思想政治教育拓宽了传播渠道，不只局限于传统的课程和实践活动，因此也打破了由此造成的教育内容传播不平等的格局，使教育内容接受程度趋于平等。

思想政治教育品牌化过程中，在知识内容的传播上具有平等性和途径多元化等特点，使思想政治教育工作者对学生的信任度有所提升。一方面，传统的思想政治教育工作中，仅仅靠思想政治教育工作者将教育内容传授和灌输给在校大学生，缺乏社会、家庭的力量，在思想政治教育上，全社会没有系统地形成合力。而思想政治教育品牌化传播的多边性和平等性加强了学校、社会和家庭三方的联结，品牌化的思想政治教育内容不仅传播给了大学生，还传播给大学生的亲友，以及和大学生有一定联系的人。大学生思想政治教育工作者可以相信，这些在大学生的学习、生活中或多或少地扮演着重要角色的人，接收到思想政治教育内容后，都会影响到大学生群体对思想政治教育内容的理解和内化，提高学生接收这些教育内容的信心。另一方面，信任建立在理解的基础上，在传统的思想政治教育工作中，思想政治教育工作者习惯从自身的主观方面设计教学项目，忽视了学生的想法，对于学生的理解很少,甚至为零,双方仅仅是思想政治教育内容的传输者和接受者,并不会有很高的信任度;而在思想政治教育品牌化的过程中,思想政治教育工作者的首要任务就是进行品牌的识别与确立,即需要对大学生所处的教学环境,对大学生的心理状态、生活实际都要有一定的研究和理解,才能设计出贴合学生生活、能被学生接受的品牌。这样一来,思想政治教育工作者会更了解学生,对于学生对该思想政治教育项目的学习效果也会有一个大体的预估,对学生的把握与信任程度大大增强。

思想政治教育品牌化传播的多边性和平等性,提升了大学生对思想政治教育工作者的信任度,从以往的思想政治教学来看,大学生思想政治教育工作者仅仅按照课程大纲和上级组织下发的文件要求开展工作,在学生眼中,他们仅仅是规定的"执行者",而没有上升到"老师"的层面。很多学生认为,这种思想政治教育项目千篇一律、缺乏新意,因此失去了兴趣,丧失了参与的热情,学习效果大打折扣。而思想政治教育品牌化后,思想政治教育工作者会根据大学生的思维方式、生活习惯、心理特点进行品牌项目的设计,学生是可以感受到这种针对性的,明白这是专门为自己所在的高校、院系甚至是自己这一年龄段、这一心理状态的群体专门设立的项目,他们感受到了新意,也感受到了参与的必要性。思想政治教育工作者不再是冷冰冰的"机器人",而是可以作为知心朋友的亦师亦友的存在。因此,大学生对思想政治教育工作者的信任度大大增强,品牌化的思想政治教育项目在大学生群体中也得到了广泛的认可,思想政治教育的教学效果、学生的学习效果,都得到了很好的提升。

二、大学生思想政治教育工作品牌化带来的挑战

(一) 品牌化在意识形态方面带来的挑战

上文分析了品牌化为思想政治教育带来的种种机遇,以及为思想政治教育的实施效果带来的巨大提升。然而机遇总是伴随着挑战出现的,我们也不能忽视品牌化带来的种种挑战。

首当其冲受到挑战的便是意识形态。意识形态是哲学范畴的概念,可以理解为人对事物的一种感官思想,包括概念、观念、思想以及价值等方面的各种要素。意识形态不是人脑中固有的,而是源于社会存在的,会随着环境、事物的改变而发生改变。

大学生思想政治教育与高校的建设是伴生关系,具有很长时间的发展历史。经过几十年的教学实践,思想政治教育的内容、方法、模式等,都已经在人们脑海中刻下了固化的印象。而品牌化的出现,意味着人们要改变脑海中的固化印象,即对意识形态提出挑战。大学生思想政治教育工作者要接受这一新的意识形态,就会在以下三个方面出现困难:一是品牌培育的定义;二是品牌概念的培养;三是品牌导向的确定。

在品牌培育的定义上,目前还没有形成一个统一的概念,因此部分思想政治教育工作者对品牌培育的定义了解得不透彻,甚至将品牌培育与某些概念混淆。例如,有些思想政治教育工作者认为品牌培育就是引进思想政治教育领域的专家学者,在核心期刊上发表一定数量的论文,以提升本高

校或者本院系思想政治教育在学术界的知名度。其实不然,这仅仅是重点学科建设的概念,真正评估一所高校的思想政治教育水平,更重要的是接受思想政治教育的学生到底体会到了多少思想政治教育的精神内涵,即学生的学习效果。因此,这种对于品牌培育定义的混淆,可能会在思想政治教育品牌化工程刚开始时便脱离"航道",极大地延缓品牌化的发展进程。

品牌概念的培养并非朝夕可成,而是一个长时间的工程。在传统的思想政治教育工作模式中,思想政治教育工作者必须严格按照上级的要求和指示开展工作,但这不符合品牌培育的理念。而当思想政治教育品牌化工程开始后,部分思想政治教育工作者为了突出教学效率和成果,在没有对大学生的思维方式、生活习惯、心理特点进行充分了解和深入研究的情况下,就开始了盲目的品牌创造,导致品牌化的思想政治教育内容和形式与学生的实际需求存在一定的偏差。从表面上看,大学生思想政治教育已经形成了"百鸟争鸣,百花争艳"的局面,甚至形成了一定的规模。但经过认真分析后发现,在"百鸟"和"百花"中,真正能够形成高品质、高实效的思想政治教育内容非常少,难以真正对学生的心灵形成触动,或者给学生留下良好的印象,导致品牌特点不突出。这种情况说明思想政治教育品牌概念不清晰,因此在品牌化的过程中必然难以发挥其应有的作用和效果。

基于品牌建设的大学生思想政治教育是结合大学生思想政治教育项目,贴近学生的思维方式、生活习惯、心理特点一步步改进,经过多次实施后,最终沉淀的成果。而品牌导向就是在经过一次次的改进之后明确品牌定位,是对一个品牌的精心提炼。品牌提炼绝非一个简单的过程，而是需要对大学生的生理、心理状态进行深入了解和分析，对以往思想政治教育项目的实施过程进行全面回顾和总结，用专业的眼光去分析，才能精准地确定品牌导向。这就对大学生思想政治教育工作者的教学水平、工作能力及专业程度等提出了更高的要求。某些思想政治教育工作者专业素质不够高，或者存在急功近利的心理，都可能导致其品牌导向不够清晰，最终影响品牌化思想政治教育的具体实施效果。

（二）品牌化对大学生心理健康教育方面的挑战

大学生心理健康教育从20世纪80年代产生以来，就在逐渐摸索自己的一套体系。而大学生思想政治教育关系到大学生世界观、价值观、人生观的形成，与大学生的心理健康息息相关。品牌化作为一次大学生思想政治教育体系的重大变革，势必会对大学生心理健康教育产生不可忽视的影响。具体体现在以下两个方面。

首先，品牌化的出现，影响了大学生心理健康教育的原有体系。大学生心理健康教育的原有体系，是在总结了几十年的工作经验的基础上提炼出来的，在一定程度上来说，这个体系是固定的、成熟的。但是品牌化的出现，一方面意味着大学生思想政治教育工作具有更多的自主性，另一方面意味着品牌化为大学生思想政治教育带来更多的不确定性，或者说不可控性。

其次，思想政治教育的品牌化还会带来一些不良影响，容易使大学生的心理状态及思想等方面产生问题。思想政治教育的品牌化，形成了一个教育竞争、品牌竞争的市场。有市场就会有精品，也会存在一些鱼目混珠的品牌。部分思想政治教育工作者缺乏品牌规划的专业素养，在品牌构建时缺乏合理的定位，就有可能导致一些带有错误思想、扭曲价值观的品牌的出现。例如，某些思想政治教育工作者将"个人利益为重，社会利益为轻"的理念融入品牌之中，又恰巧迎合了一部分学生急功近利的心理，这种品牌也因此有了一定数量的受众，在品牌竞争的市场中找到了立足点。但很显然，这种品牌带有扭曲的价值观，如果让它在大学生思想政治教育的大环境中长久地存在，必然会对大学生的心理健康产生极大的不良影响。更糟糕的是，一些西方腐朽落后思想混入思想政治教育品牌中，将对大学生的心理健康产生无可挽回的恶劣后果。如今，信息的传播方式以及获取方式等都发生了巨大的变化，微博、微信公众平台、专题网站等媒介使得人们可以更加方便、迅速、广泛地获取信息。从另一个层面来说，信息发布受到的约束也更少，信息的传播速度更快、范围更广，这就给一些西方腐朽思想的传播提供了可乘之机。由于西方国家在信息技术等方面具有极大的优势，一些信息技术较为落后的国家就有可能成为其信息侵略的对象，网络信息技术就成为实现其政治图谋的工具。因此，在大学生思想政治教育品牌化这种高度开放、高度自主的市场之中，如果任由这些有害信息经由微博、微信公众平台、专题网站等媒介在大学生思想政治教育市场上传播，就会给大学生的思想观念、价值理念等形成巨大的冲击，对我国传统优秀文化的传播和发展造成影响，给大学生的心理健康带来无法挽回的恶劣影响。

（三）品牌化在大学生思想政治教育方式、方法方面的挑战

在我国思想政治教育的发展过程中，教学模式已经逐渐固化，传统的单向灌输式教学已经成为一种主流的教学模式。这种教学模式忽视学生的主体作用，强调教师的核心作用，在授课的过程中主要采用座谈会、课堂宣讲、个别谈心等方式进行，而学生只能被动听讲，或者被说服、教育。在实践教学中，由教师带队组织实践活动，学生一边听教师讲述，一边通过亲身实践来体验思想政治教育所传达的精神内涵。这种教学模式强化了学生的主观能动性，形成了社会、大学生、家庭的合力。随着社会的现代化发展，出现了很多具有时代特征的思想政治教育理论和载体，如文化活动、传媒以及管理载体等。这些载体都含有丰富的思想政治教育元素和内容，与生活联系紧密，教育内容生动、活泼、覆盖面广，吸引力、渗透力都比较强，对提升思想政治教育效果具有重要的作用。

大学生思想政治教育的品牌化转变了传统的思想政治教育方法，思想政治教育工作者的工作重心从向学生单向度地灌输知识转向思想政治教育品牌建设，也就是通过对大学生思想政治教育品牌定位和价值的识别和确立、品牌营销活动的规划与执行、品牌效果的评估和诠释、品牌效应的提升和维系四个过程，将更多的主观能动性交还给大学生。大学生思想政治教育工作者不再"逼"学生去接受知识的灌输，而是通过设计出贴合学生思维方式、生活习惯、心理特点的思想政治教育品牌项目，在学生群体中赢

得广泛的认可,从而让学生在接受和认可的基础上主动地体验和学习,这样可以达到更好的学习效果。这是工作重心的转变,同时意味着工作过程中有更多的东西将连带着进行改变。在传统的大学生思想政治教育工作中,可能思想政治教育工作者仅靠单方面的灌输知识进行教育,很少会利用到微博、微信公众平台、专题网站等媒介。而正如前文所论述的,品牌化使得思想政治教育内容的传播在时间上更为及时、迅速,在空间上更为广泛,而随着微博、微信公众平台、专题网站等媒介在高等教育中的广泛应用,网络已经成为大学生获取知识和各种信息的重要渠道,以及表达思想、交流情感的场所,数字化生存成为当代大学生学习方式、生活方式和行为方式的重要特征。在网络条件下,教育主体的多元化、大学生获得信息渠道的多样化、交往与交流形式的多样化,扩大了大学生对思想政治教育工作者的选择,契合了大学生对平等人格的心理需要,强化了大学生对个性化交流的人际沟通方式的诉求。因此,品牌化使得大学生思想政治教育工作者将更多的目光放到这些传播媒介上,将其作为发布思想政治教育内容、推进思想政治教育工作的主要阵地之一。

　　这种新的教育方法,相比于传统的思想政治教育方法来说,是一种挑战,更是一种冲击。正如上文所说,品牌化使得大学生思想政治教育的工作内容和工作方法发生了极大的转变,而这也是对大学生思想政治教育工作者的挑战。一方面,有些大学生思想政治教育工作者习惯了传统的思想政治教育模式,对于品牌化思想政治教育模式可能存在一些抵触情绪。因为在传统教育模式中,思想政治教育工作者只需要按照一个固定的工作流程，就可以完成思想政治教育内容的传达，特别是对于经验丰富的思想政治教育工作者而言，投入的时间、精力成本是非常低的；但是在品牌化思想政治教育中，思想政治教育工作者需要依据学生的思维方式、生活习惯、心理特点进行一系列的设计、规划、执行、评估、维系工作，在时间和精力上无疑需要更多的付出。另一方面，相比于传统的思想政治教育模式，品牌化的大学生思想政治教育模式对思想政治教育工作者的素质要求更高。在传统的思想政治教育模式中，需要思想政治教育工作者具有思想政治教育的专业知识、良好的表达沟通能力以及对学生的亲和力，等等；而品牌化的大学生思想政治教育模式不仅要求思想政治教育工作者具备以上素质，还必须具备优秀的分析能力、品牌的识别和定位能力、活动的规划与执行能力，甚至还要具有微博、微信公众平台、专题网站等媒介的运营能力，等等。这些能力和素质往往是目前部分思想政治教育工作者所欠缺的。因此，大学生思想政治教育工作者首先要在心态上接受品牌化的工作模式，然后付出更多的时间和精力，培养与品牌化相关的能力和素质，才能通过武装自己来适应思想政治教育领域的改革，也才能切实保证思想政治教育品牌化工程的推进。

（四）品牌化对大学生思想政治教育工作者的话语权提出挑战

教师权威是教师在角色要求下控制或约束学生的权力，主要体现在三个层面上。从体制层面来说，高校的相关规章制度保证了大学生作为受教育者，必须在课程范围内听命于思想政治教育工作者，接受知识传授，完成课堂作业，参加实践活动，并在相关标准下完成考核，因此，思想政治教育工作者是具有体制优势的。从信息层面来说，思想政治教育工作者根据课程大纲开展课堂教学，根据上级下发的通知要求组织实践活动，而大学生接收到的，要么是由思想政治教育工作者传达的思想政治教育精神，要么是其经过长期的教学实践自己提炼的思想政治理论，因此，思想政治教育工作者是具有信息优势的。从经验层面来讲，大学生思想政治教育工作者大多在本科、硕士、博士阶段修读与思想政治教育有关的专业，具备丰富的思想政治理论知识和实践经验，而且积累了多年的教学经验，比起刚刚接触思想政治教育的大学生而言，无疑是具备经验优势的。基于此，在传统的思想政治教育中，思想政治教育工作者在大学生心目中是占据权威地位的，具有很强的话语权。

然而，思想政治教育的品牌化改革，却对思想政治教育工作者的话语权提出了挑战。就体制层面而言，品牌化的大学生思想政治教育表现出更多的开放性和自主性，强调师生之间的平等关系，思想政治教育工作者的体制优势有所削弱。就信息层面而言，由于品牌化的大学生思想政治活动更多地借助于微博、微信公众平台、专题网站等媒介进行信息传播，在信息化进程日益加速的今天，信息传播媒介给教师和学生提供的获取知识与经验的机会是平等的，而一些思维活跃、目光敏锐、善于独立思考、富有创新精神的大学生，在信息获取意识上已经远远超过了思想政治教育工作者，思想政治教育工作者的信息优势被大大削弱。最后是经验层面，在大学生思想政治教育品牌化的环境下，具有品牌优势的思想政治教育内容在大学生群体中享有更高的认可度，具备更大的吸引力。也正因为兴趣，大学生对于这些内容的吸收是高效率的，甚至自发地在网络上寻找感兴趣的思想政治教育内容进行自主学习，大学生的知识储量增长迅速，但思想政治教育工作者几十年的学习、教学经验是不会被抹除的，所以品牌化只是在一定程度上削弱了他们的信息优势。

因此，在品牌化的大学生思想政治教育模式中，思想政治教育工作者的话语权受到挑战，无法像以往那样被视为知识、信息和文化的拥有者或权威解释者。大学生思想政治教育工作者要想维持自己在学生心目中的权威地位，就必须顺应时代潮流，提升工作素质和能力。换言之，品牌化对大学生思想政治教育工作者的思想政治素质，包括信息技术在内的业务素质提出了更高的要求。

第四章　大学生思想政治教育工作品牌化的基本原则

1979年3月,邓小平在党的理论工作务虚会上的讲话中指出:在中国要实现四个现代化,必须坚持四项基本原则,即坚持社会主义道路、坚持人民民主专政、坚持共产党领导、坚持马克思列宁主义和毛泽东思想。① 根据党中央精神,团中央书记处决定,把加强青少年思想道德教育作为全团的重要工作之一。在对青少年道德风尚存在的问题、原因进行调查研究的基础上,团中央连续两次召开12个城市青少年共产主义道德教育座谈会,着重研究对青少年进行思想道德教育问题。随着青少年思想道德教育活动的深入展开,一些城市推出了一些很有特点的活动。1980年6月,党中央批准团中央《关于武汉市加强青少年教育活跃业余文化生活情况的报告》,8月,共青团全国宣传工作座谈会充分肯定了无锡、天津一些学校开展"五美"的活动。1982年7月19日,团中央发出的《关于在青少年中深入开展"三热爱"教育的意见》指出:"'三热爱'教育是推动'五讲四美'活动深入发展的需要,是根治'脏、乱、差'的思想基础,也是当前对青年进行思想政

---

① 参见《邓小平文选》第2卷,人民出版社1994年版,第164页。

治教育的重要内容。"1985年12月,全国有98项"五讲四美三热爱"优秀青年工程受到团中央表彰。"五讲四美三热爱"成为20世纪80年代最数字化的经典口号。

《国家中长期教育改革和发展规划纲要(2010—2020年)》明确要求"创新德育形式,丰富德育内容,不断提高德育工作的吸引力和感染力,增强德育工作的针对性和实效性",内在地要求"进一步推动德育工作的精细化和品牌化"。[1] 根据文件的要求,大学生思想政治教育工作必须注重对品牌的培育,并保证思想政治教育工作的质量及教育开展的针对性,同时将其作为一项长期坚持的任务和德育教育发展中的必然选择。

在大学生思想政治教育工作品牌化的过程中,应该遵守以下五个重点原则。

第一节 社会发展和个人发展辩证统一的原则

一、遵循原则的原因

人是一种能动因素,同时也是社会有机体的重要组成部分,社会发展中的各个系统都离不开人的能动作用,人的能力、素质等决定着社会的发展水平以及社会系统的工作强度。如果人脱离了社会的发展,就会成为无源之水。个人的

---

[1] 参见《国家中长期教育改革和发展规划纲要(2010—2020年)》,人民出版社2010年版,第8页。

发展也是社会动力和创造力的发展,对社会的进步具有重要的作用。因此,个人与社会的发展是辩证统一的关系,如果个人没有得到充分的发展,那么社会的进步也将是空谈。

从个人的角度来说,个人的发展必须要有社会发展的支撑,如果没有社会的支持,个人的发展必将是片面的。社会的发展为个人的发展提供了精神和物质等方面的支持,同时决定个人的发展方向;而个人的发展必须以社会的发展为基础,社会的发展对个人的发展起到促进作用。个人的发展是对社会进步程度的衡量,也是促进社会发展的核心动力,因此,个人的发展与社会的发展是相互促进的。

同时,社会发展和个人发展之间还相互制约。首先,个人发展是社会发展的动力,也是社会发展的组成部分和重要标志。其次,社会发展制约着个人发展,社会发展对个人发展提出更高的要求。为了适应社会发展,个人发展也成为必然;社会发展为个人发展提供有利的条件,使个人发展得更顺利;社会发展会影响个人发展的方向、程度和内容,对个人发展提出不同的要求,使个人在发展内容及性质方面存在一定的差别;此外,社会为个人提供的条件也成为制约个人发展水平的重要因素。

总而言之,个人发展与社会发展是辩证统一的。由于个人是社会的基本组成部分,社会的发展是个人发展的综合结果,个人发展的目标则是社会发展的目标。个人发展需要以社会的价值尺度和目的为基础,社会发展需要以个人的长远发展为最终的价值取向。因此,社会发展促进个人发展才是终极目标。大学生思想政治教育将个人发展和社会发展辩证统一起来,遵循了社会和个人和谐统一、协同前进的自然规律,遵循这一原则将推动大学生思想政治教育的蓬勃发展。

二、遵循原则的方法

在20世纪初那个战火纷飞的年代,中国社会发展的目标是争取民族独立和人民解放,从宏观来看,个人应将推动民族独立和人民解放、投身新民主主义革命作为发展目标和奋斗方向,救亡图存、为民族独立和国家富强做贡献成为人生价值的重要衡量标准。在这样的背景下,中国共产党将"培养革命的先锋分子"作为该时期思想政治工作目标的总体指向。而在抗日战争时期,主要面对的是日本帝国主义发起的侵略战争,因此需要全国上下一致对外,建立民族统一战线,中国共产党注重爱国主义精神及革命精神的培养,使知识分子成为一名革命战士,教育大学生与工农群众联合起来,在思想政治教育中突出革命先锋"勇于亮剑"和"艰苦奋斗"的作风。

中华人民共和国成立后,我国的社会性质发生了重大改变,实现了民族独立、人民当家做主,并对高校进行了社会主义改造。党和国家的发展重心从巩固人民政权转向经济、文化等方面的建设上,在人才培养方向上也作出相应的转变。当时社会培养人才的要求是必须具有扎实的专业技术、理论知识和政治素养,号召青年们积极投身祖国建设,这也是当时思想政治教育的总体要求和整体目标。中华人民共和国成立后,教育部在1949—1952年间多次下发文件,强调系统的马克思列宁主义教育是一切专业的基础,规定了高等院校必须开设马克思列宁主义理论课,设立思想政治教育机构，构建了一套政治理论课体系。

培养"共产主义社会的全面发展的新人，就是既有政治觉悟又有文化的、既能从事脑力劳动又能从事体力劳动的人，而不是旧社会的只专不红，脱离生产劳动的资产阶级知识分子"①成为高等教育的新时代指向标。按照这一总体指向，1950年5月，《高等学校暂行规程》决定将思想政治教育工作列为高等学校人才培养任务的第一条，要求大学生思想政治教育目标必须与"爱祖国、爱人民、爱劳动、爱科学、爱护公共财产"（即"五爱"精神）紧密结合。1957年，毛泽东同志提出："我们的教育方针，应该使受教育者在德育、智育、体育几方面都得到发展，成为有社会主义觉悟的有文化的劳动者。"②根据这一方针，党中央将这一时期大学生思想政治教育目标的具体内涵确定为"培养有社会主义觉悟的、有文化的、身体健康的劳动者"。1961年，党中央再次强调"高校思想政治教育的主要任务是引导大学生正确处理红与专的关系，使大学生认识到红与专是统一的，不但应该表现在政治思想方面，而且应该表现在学习和实际行动中"③，党将大学生思想政治教育目标的总体指向及时调整为培养"德智体美全面发展的社会主义合格建设者和可靠接班人"。1985年，邓小平同志将这一总体指向具体化为"四有新人"，指出要"教育全国人民做到有理想、有道德、

---

① 毛泽东：《关于教育工作的指示》，《人民日报》1958年9月20日。
② 毛泽东：《关于正确处理人民内部矛盾的问题》，《人民日报》1957年6月19日。
③ 冯刚、沈壮海：《中华人民共和国学校德育编年史》，中国人民大学出版社2010年版，第162页。

有文化、有纪律"①。自此,"四有新人"成为改革开放背景下大学生思想。政治教育目标具体内涵的规范形态。在此基础上,江泽民同志于1998年和2001年相继就大学生思想政治教育目标提出了"四个统一""五点希望"②,胡锦涛同志于2007年和2011年提出了"四个新一代"③"三点希望"④。

2017年,随着中国的国际化程度不断提高,中国全面深化改革步入深水期和攻坚期,我们喊出了建设"双一流大学"的响亮口号和教育目标。习近平同志指出:"高等教育发展水平是一个国家发展水平和发展潜力的重要标志。实现中华民族伟大复兴,教育的地位和作用不可忽视。我们对高等教育的需要比以往任何时候都更加迫切,对科学知识和卓越人才的渴求比以往任何时候都更加强烈。党中央作出加快建设世界一流大学和一流学科的战略决策,就是要提高我国高等教育发展水平,增强国家核心竞争力。"⑤ 与此同时,伴随着中国特色社会主义道路越走越远、越走越稳,党和国家提出了扎实办好中国特色社会主义高校的基本要求。习近平同志指出:"我国有独特的历史、独特的文化、独特的国情,决定了我国必须走自己的高等教育发展道路,扎实办好

---

① 邓小平:《一靠理想二靠纪律才能团结起来》,《邓小平文选》第3卷,人民出版社1993年版,第110页。
② 参见江泽民《在庆祝北京大学建校一百周年大会上的讲话》,《人民日报》1998年5月5日。
③ 参见胡锦涛《胡锦涛总书记向中国青年群英会致信》,《人民日报》2007年5月5日。
④ 参见胡锦涛《在庆祝清华大学建校100周年大会上的讲话》,《人民日报》2011年4月25日。
⑤ 习近平:《加快建设世界一流大学和一流学科》,《习近平谈治国理政》第2卷,外文出版社2017年版,第376页。

中国特色社会主义高校。我们要扎根中国、融通中外，立足时代、面向未来，坚定不移走自己的路。扎根中国大地办高等教育同建设世界一流大学是统一的，只有扎根中国才能更好走向世界。"① 我国的教育同社会发展的脚步一起稳步前行，思想政治教育也将在整体教育目标的引领下有条不紊地逐步展开。

2018年，习近平总书记在全国教育大会上强调："我国是中国共产党领导的社会主义国家，这就决定了我们的教育必须把培养社会主义建设者和接班人作为根本任务，培养一代又一代拥护中国共产党领导和我国社会主义制度、立志为中国特色社会主义奋斗终生的有用人才。"②

第二节 继承、借鉴与发展有机结合的原则

一、继承、借鉴与发展的异同

继承与发展的关系，是相互依存的辩证统一关系。首先，继承是发展的前提和基础，思想政治教育的存在和发展都是以前一阶段思想政治教育的成功经验和传统作为基础的。其次，发展是继承的目的和要求，发展需要继承，离不开继承，而继承也是为了更好地发展，继承之后也必须进一步的发展。

---

① 习近平：《加快建设世界一流大学和一流学科》，《习近平谈治国理政》第2卷，外文出版社2017年版，第376～377页。
② 习近平：《坚持中国特色社会主义教育发展道路 培养德智体美劳全面发展的社会主义建设者和接班人》，《人民日报》2018年9月10日。

借鉴与发展的关系如同继承与发展的关系，也是相互依存、辩证统一的。首先，借鉴是发展的基础。继承更多地体现为代代相传，重点在于其承接性；借鉴则是指事物在发展过程中与其他事物相互比照，取其精华去其糟粕，从而得以实现自身的发展和完善。其次，发展是借鉴的最终目的。借鉴的基础是比较、鉴别，借鉴的方式是取其所长补其所短，通过比较、鉴别，从而确定事物的长处和短处、优势与劣势，通过借鉴，从而为发展开辟道路。

二、遵循原则的原因

在继承与发展的关系上，存在着违背继承、借鉴与发展有机结合原则的两种错误倾向。一是保守主义倾向，习惯于墨守成规、固守传统。此处的固守传统，指的是用过去时代的思想政治教育目标和手段去指导当今社会的思想政治教育工作，这样很容易造成思想政治教育方向的偏离，从而导致无法实现原有的目标。二是虚无主义倾向，即反对传统，拒绝继承，崇尚新式潮流。虚无主义轻视社会主义思想政治教育，全盘否定原有基础与成果，容易偏离方向。因此，坚定遵循继承和发展的有机结合有其必要性。

在借鉴和发展的关系上，也存在两种错误倾向。一是关门主义倾向，即认为社会主义国家与资本主义国家存在着根本性的不同，比较和借鉴是无法进行的。也有关门主义倾向者借口社会主义思想政治教育的先进性，鄙弃其他国家的德育经验，拒绝接受其中的优势。这是一种封闭、自大的孤立倾向行为。二是拿来主义。拿来主义倾向者盲目推崇资本主义国家的一切经验，认为其所有方面包括经济、技术、教育等都远远领先于中国，认为只要直接"拿来"就可以为我国所用。这种行为抱持着对社会主义思想政治教育完全否认的态度，弱化和忽视了我国思想政治教育的作用和优势，不利于我国思想政治教育的开展。

三、遵循原则的方法

中华文化源远流长，中国几千年的文化积淀，形成了极具凝聚力和感召力的优秀传统文化，而这些优秀传统文化也为大学生思想政治教育带来了更多的营养。但是对优秀传统文化的继承并不是简单地照搬，我们必须坚持用马克思主义的唯物辩证法看待我国的传统文化成果，辩证分析，批判继承，而不能一味地套用。在大学生思想政治教育中，我们可以继承传统文化中的一些本质精神，但是在工作内容和方法方面还需要进行改革和创新，在继承的同时结合时代的发展进行大胆的革新，实现创新性转化和创新性发展，将对传统文化的继承作为创新的基础和根源。所以，对大学生思想政治教育的创新必须基于优秀传统文化，来促进思想政治教育的顺利开展。

我国思想政治教育在发展过程中离不开借鉴的力量。从新民主主义革命到中华人民共和国成立，再到改革开放、社会主义建设新时期，思想政治教育的目的始终随着时代背景和时代使命而发展、完善。为了服务于经济、文化及生态等方面的社会发展，必须要明确当前的社会发展形势，从时代的高度去看待思想政治教育，从新的社会历史实际情况出发，更新观念，对大学生思想政治教育进行不断地完善及改进。

在继承和借鉴中探求发展之路。发展不可能凭空而来，而是需要基于一定的基础，具体可以从两个方面进行分析。其一为我国的优秀传统文化、革命文化和社会主义先进文化，其二为世界先进文化。通过对我国优秀传统文化的继承和对世界先进文化的借鉴，才能够完成创新。在大学生思想政治教育工作中，必须要处理好这两个方面的关系。在处理继承与创新的关系时，不能将两者对立起来，片面地认为创新就是对传统的否定，这会导致创新成为空中楼阁，也难以得到实际的发展。同时，要防止把二者等同起来，一说要创新就把眼睛盯向资本主义公民教育，似乎生搬硬套资本主义的公民教育内容即为创新，实际上，这并不是创新，只是一种更加刻板、更加缺乏创新的做法。

第三节 教育与管理相结合的原则

教育与管理本质上是一个问题的两个方面。教育是教育者对受教育者进行有组织、有目的、有计划的教化和培育，通过教育者已有的知识经验进行学识推敲，进而更好地对各种现象、行为、问题等进行解释和说明，不断地提升受教育者的能力和经验。从本质来看，教育是通过理性的思维对一些未知的事物和领域进行探索，使得对事物的了解程度接近于事物的本质。在这个过程中，逐渐由最初的基础感受升华为理性的理解，同时形成一种理性的思维意识。但同时，人本身存在意识上的思维与自我感官上的维度，仅凭理性的理解是无法保证思维的绝对正确的，所以也需要对思维走势进行感性的理解，只要这种理解不与事物的内在出现本质偏差即可。教育也可以理解为一种思维的传授,但是人的意识形态会存在不同的思维走势,而教育则可以作为一种客观、公正的思维形式对人进行教化。这也是保证人的思维不会发生偏差的主要原因。通过教育,可以引导人的思维逐渐成熟、理性,并逐渐拥有正确的认知,这也是思想政治教育开展的基础和基本要求。

管理活动始于人类群体生活中的共同劳动,至今已有上万年历史。对于什么是管理,至今专家和学者仍然各抒己见。"管",原意指一种细长、中空的物体,虽然四周封闭,但是中间却是通达的;如果中间闭塞,则为堵;要想使中间重新通行,则需要疏。这说明"管"中必须包含堵和疏,需要堵和疏的结合;同时说明"管"中需要引导、疏通、打开和促进,也需要限制、约束、闭合和否定。"理",本意是顺玉之文而剖析之,是指事物需要顺理、合理。如果将管理比喻成水,那么在治水的过程中就需要注重疏、堵结合,顺应其发展规律,因此,可以将管理认为是一种疏、堵结合的行为和思维方式。

大学生思想政治教育工作者应当重视与学习教育管理学这门科学,运用学科体系来做好大学生思想政治教育工作。教育管理学作为一门将管理运用到教育领域的综合学科,主要研究的内容包括如何通过符合教育规律的方法手段来对教育进行管理,并合理控制、协调、规划会影响教育质量和效益的要素。该学科在管理学理论的支撑下不断发展完善,成为教育科学的一个重要分支学科,同时也成为管理科学的重要组成部分。

教育管理学是研究教育管理过程及其规律的科学,按照教育管理对象的特点，有广义和狭义之分。广义教育管理学是以整个国家教育系统的管理作为研究对象，狭义教育管理学是以一定类型的学校组织作为研究对象。在中国，教育管理学的研究内容有九项：①教育领导的作用、特征、原则、活动和评价；②教育立法；③教育目的和方针政策的制定与实施；④教育制度；⑤教育行政组织；⑥教育领导的意义、目的、任务、制度和方法；⑦对教育人员的要求、培训和成绩评定；⑧教育经费的管理；⑨学校工作的具体管理，包括思想政治教育工作、教学、科研、生产劳动、体育卫生、人事、保卫、总务、财务、图书仪器、家校联系等，还包括学校的性质任务、领导体制、组织机构、学校规划、科学管理、工作原则与方法等。本书探讨的重点是大学生思想政治教育，同样属于教育管理学的研究范围。

教育管理学是管理科学的一个分支，其职能类似于管理。管理的职能可以从计划、组织、领导、评价和控制五个方面进行理解。①计划职能是对活动开展的准备和安排，是管理中最基础的职能。在工作和活动开展前，需要先对具体的开展步骤和内容等制订一个计划，包括预测、决策和计划的制订。②组织职能是为了完成预先设定的目标，根据规定的程序和规则，合理地设置岗位，构建明确的角色关系，进而实现组织目标，并根据业务活动进行分类；同时，向相关人员下放各种职权和责任，并做好各项关系的协调工作，包括对职能范围的确定、人员的配备以及机构的设置等；还需要处理好横向管理和纵向管理关系，以及正式组织和非正式组织的关系。虽然正式组织是管理工作中的核心，但是非正式组织的作用也非常重要，因此不可将其作为正式组织的对立面,而是要加以利用。③领导职能是在确定结构、明确目标的基础上,引导组织及组织成员实现目标,并对目标的实施进行监督和检查,对其中存在的偏差进行及时纠正,保证工作按计划进行,保证计划目标的有效实现,同时将自己的想法有效传达出来,使别人理解和接受。④评价职能是对教育效果和教育质量进行综合的评价。没有对教育质量的合理评价,就不能实现教育过程及决策控制的优化,也难以实现教育的健康发展,难以实现教育的公平。建立科学的教育评价体系,让人在德智体美劳等各个方面获得全面、健康的发展,是中国教育管理科学体系中的重要问题。⑤控制职能指的是根据设定的目标和执行的标准,对相关的组织活动进行有效的监督和检查,对工作中存在的偏差进行及时纠正,保证工作能够根据计划有效执行,并根据具体的执行情况灵活调整计划,从而更好地实现教育目标。控制作用对于管理非常重要,也是管理最后的阶段。

我们同样可以用管理学的视角去理解教育管理学的职能。我国大学生思想政治教育工作应遵循教育管理学的规律和原则有序展开,确保教育与管理齐头并进,提高思想政治教育成效。大学生思想政治教育工作者可以从教育管理学中找到解决问题的原则与思路,增进教育与管理的效益。

第四节 针对性与实效性有机结合的原则

江泽民同志在2000年中央思想政治工作会议上指出:"面对新形势、新情况,思想政治工作在继续和发扬优良传统的基础上,必须在内容、形式、方式方法、手段机制等方面努力创新和改进,特别要在增强时代感,加强针对性、实效性、主动性上下工夫。"① 在接下来的十几年里，大学生思想政治教育工作一直在努力追求针对性和实效性的路上稳扎稳打、稳步前行。《中共中央国务院关于进一步加强和改进大学生思想政治教育的意见》（中发〔2004〕16号文）强调，加强大学生思想政治教育的指导思想和基本原则是坚持教书与育人相结合、教育与自我教育相结合、政治理论教育与社会实践相结合、解决思想问题与解决实际问题相结合、教育与管理相结合、继承优良传统与改进创新相结合。2015年，在习近平总书记系列讲话精神的引导下，中共中央办公厅、国务院办公厅印发了《关于进一步加强和改进新形势下高校宣传思想工作的意见》，对大学生思想政治教育工作作出了几点指示，并强调在大学生思想政治教育工作中需要从全局着眼，并从战略高度保证教育的实效性和针对性，提升大学生思想政治教育质量，并结合新时期的大学生思想政治教育任务、内容等进行全面部署。中共中央国务院印发的《关于加强和改进新形势下高校思想政治工作的意见》（中发〔2016〕31号）指出，要进一步办好高校思想政治理论课，充分发挥思想政治理论课的主渠道作用，深入实施高校思想政治理论课建设体系创新计划。这是大学生思想政治教育中非常重要的指导性纲领，也是当前大学生思想政治教育的指导文件。通过对文件精神和内容的学习，在大学生思想政治教育中注重理想信念教育，培养学生正确的价值观和思想观念，将其作为大学生思想政治教育中的重要指导和工作

---

① 江泽民：《在中央思想政治工作会议上的讲话》，《江泽民文选》第3卷，人民出版社2006年版，第74～75页。

阵地，并以此为基础提升大学生思想政治教育的实效性、针对性及教学质量，为实现中华民族伟大复兴的中国梦以及人才培养等提供有利的条件。

关于我国大学生思想政治教育如何实现针对性和实效性的结合，这里有四点要求。

第一，加强马克思主义理论武装，着力于理想信念教育，培养中国特色社会主义的坚定信仰者。

青少年成长过程中需要具有崇高的理想信念，因为这是对未来的追求和期望，也是政治立场在奋斗目标和人生价值上的最高准则。恩格斯在《路德维希·费尔巴哈和德国古典哲学的终结》中说："在社会历史领域内进行活动的，是具有意识的、经过思虑或凭激情行动的、追求某种目的的人；任何事情的发生都不是没有自觉的意图，没有预期的目的的。"[1] 理想信念是人生发展方向的指引，直接关系着事业的成败。如果一个人丧失了信念，将会迷失奋斗目标。因为缺乏信念就无法明确努力的方向，从而缺乏意志和精神支柱，导致自我瓦解。在中国共产党 100 年的艰苦奋斗历史中，激励着共产党人不断向前、不怕牺牲的，就是坚定的马克思主义信仰。

从当前的国际发展形势来看，各国在政治、文化、经济、军事等方面的竞争尤为激烈，同时，随着文化交流的频繁，文化碰撞也越来越激烈。为了实现中华民族的伟大复兴，必须要注重中国特色社会主义共同理想的建设，加强对

---

[1] 恩格斯：《路德维希·费尔巴哈和德国古典哲学的终结》，《马克思恩格斯选集》第 4 卷，人民出版社 1995 年版，第 247 页。

民族意志的凝聚。大学生作为社会主义接班人，以及未来世界竞争中的重要战略资源，其是否具有理想信念，将直接影响我国社会主义事业的建设和国家未来的发展。

中国共产党历来重视人才培养，将德育作为重要的育人方向，并将理想信念教育作为首要的培养任务。强调教育在社会主义现代化建设中的作用，使人才能够秉承为人民服务的理念，并实现德智体美劳全面发展，把培养社会主义接班人作为教育的价值追求和主要任务。改革开放后，为了促进党和国家事业发展，必须坚持人才强国的发展战略，通过大学生思想政治教育提升大学生的思想品质和道德修养，同时利用现代化的手段和知识，加强对优秀人才的培养，以理想信念作为教育的核心，帮助大学生树立正确的世界观、价值观、人生观。当前，大学生思想政治面貌的主流是积极健康的，对党忠诚、拥护，坚持对党中央的信任，对实现中华民族伟大复兴的中国梦充满信心。但是我们也应该意识到，高校是知识信息传播的前沿阵地，是意识形态和思想文化的主要输出地，同时也是各种社会思潮和思想文化的交汇地，在这里，各种思想互相交流、碰撞，信息资讯不断扩散，直接影响着学生的价值取向、思想观念和行为方式，可能导致很多学生在多元化的思潮中存在理想信念模糊、政治信仰缺失、价值观扭曲等问题。

在新的时代背景下，我国对思想政治教育工作的重视进一步加深，2016年发布的《关于进一步加强和改进新形势下高校宣传思想工作的意见》指出，加强和改进高校思想政治工作的指导思想是：高举中国特色社会主义伟大旗帜，全面贯彻党的十八大和十八届三中、四中、五中、六中全会精神，以马克思列宁主义、毛泽东思想、邓小平理论、"三个代表"重要思想、科学发展观为指导，深入学习贯彻习近平总书记系列重要讲话精神。所以，大学生思想政治教育必须保证实效性和针对性相结合，坚守理想信念，以马克思列宁主义、毛泽东思想、邓小平理论、"三个代表"重要思想和科学发展观为思想政治教育的理论基础来武装学生的头脑，深入开展党的基本路线、基本理论以及经验教训的教育，开展对中国革命、社会主义建设及改革开放的历史教育，结合我国的基本国情和相关政策开展思想政治教育工作，使大学生能够认清当前世界的复杂形势，以及社会主义制度的使命及其优越性，明确社会主义的发展规律以及顺应时代潮流的特殊发展道路代表着广大人民的利益，坚定大学生走中国特色社会主义道路的信心，以及实现中华民族的伟大复兴的决心。此外，帮助大学生认识自身的社会责任，并不断建立社会主义理论、道路和制度等方面的自信，使其逐渐成为中国特色社会主义的坚定信仰者。

第二，坚定不移地贯彻学习习近平新时代中国特色社会主义思想，践行社会主义核心价值观，稳固思想道德基础。

通过对人类发展历史的研究可知，任何一个国家和民族的发展中，最核心的力量都是核心价值观和社会认同感。党的十八大以来，社会各个行业都开始注重社会主义核心价值观的建设，倡导富强、民主、文明、和谐，倡导自由、平等、公正、法治，倡导爱国、敬业、诚信、友善。核心价值观是一个民族和国家的核心价值追求，体现着一个民族和国家的社会道德和机制评判标准，是一个民族和国家以及社会发展中的重要精神支柱。每个时代都有各自的时代精神，而每一种时代精神都蕴含着这个时代的价值观。我国社会主义核心价值观通过简短的 24 个字充分体现其内容、价值，是对我们民族、国家、社会的价值取向的概括和对机制准则的浓缩，为社会主义核心价值观的践行提供了途径和渠道。2017 年，随着党的十九大的胜利召开，中国再次向世界发出了铿锵有力的时代最强音，形成了习近平新时代中国特色社会主义思想，正式向世界宣告，我国已经进入社会主义新的历史阶段，开启中华民族强起来的新征程。

面对国际国内形势的深刻变化，大学生思想政治教育获得了更多的发展机会，同时也面临着诸多挑战。加强对大学生的社会主义核心价值观教育，加强其对社会主义核心价值观的践行，是坚持以马克思主义意识形态为指导，为全党、全国人民提供奋斗的思想基础，以及促进学生成长的重要前提，同时也是培养全面发展的社会主义接班人的关键条件。在大学生思想政治教育中强调社会主义核心价值观，主要是因为青少年的价值观直接影响着社会未来发展的价值取向。青少年正处于价值观形成的重要阶段，必须要做好价值观培养工作。青少年只有具备正确的道德认知、道德素养、道德实践，才能够自觉践行社会主义核心价值观，营造良好的社会风气。大学生正处于立志、立德、立学的关键时期，在这个阶段形成的价值观念不仅影响自身发展，同时也关系着社会和国家的未来。

在引导和培育大学生践行社会主义核心价值观的过程中，首先需要在思想政治教育中融入社会主义核心价值观，并将社会主义核心价值观的培育作为中国特色社会主义发展的凝聚力和推动力，做好社会主义核心价值观培育的基础工作，围绕中国特色社会主义发展的主题和中华民族伟大复兴的中国梦，以"三个倡导"为基础，合理进行教育引导、宣传熏陶、实践培养、政策制定等。在大学生思想政治教育的总体规划中做好对社会主义核心价值观的培育和践行，并将其融入大学生思想政治教育中，落实到教学管理的各个阶段和环节，覆盖所有的思想政治教育工作者。所以，大学生思想政治教育需要与中华传统文化进行有效结合，通过优秀的传统文化滋养社会主义核心价值观，使大学生提升文化自信。同时，注重对社会主义核心价值观的内涵的研究和宣传，明确社会主义核心价值观的内在关系和"三个倡导"的深刻内涵，通过正向的舆论导向、清晰的认知及对失范行为的匡正等，加强对社会主义核心价值观的落实。此外，通过社会实践、学校教学、校园文化营造等方式引导大学生加强道德实践，明辨是非，提升道德素质。通过善念、善举的传播做好道德基础建设工作，并在此基础上，开启建设社会主义文化强国的新篇章。

第三，着力于大学生思想政治理论课主渠道，在课堂教学中融入习近平新时代中国特色社会主义思想的内容。

思想政治理论课是高校教学中的必修内容，是帮助大学生树立正确的世界观、价值观、人生观的重要方式，能够体现出社会主义大学的本质要求。大学生思想政治教育历来是党和国家关注的重点问题，并将其作为思想政治教育、路线方针政策和理论创新等方面的主要途径。1984年，中共中央宣传部、教育部印发了《关于加强和改进高等院校马克思列宁主义理论教育的若干规定》，明确了马克思主义理论课程的主要任务是对马克思列宁主义、毛泽东思想的系统学习，使学生树立正确的政治方向和无产阶级世界观。1998年，中共中央宣传部、教育部印发《关于普通高等学校"两课"课程设置的规定及其实施工作的意见》，要求积极贯彻和落实党的十五大精神，并将邓小平理论纳入思想政治教育课程，成为武装学生的重要内容。2005年，中共中央宣传部、教育部《关于进一步加强和改进高等学校思想政治理论课的意见》指出，大学生思想政治教育工作是马克思主义理论宣传和教育的主要途径和方式，是大学生思想政治教育的主要渠道。要想提升思想政治教学效率，必须采用马克思主义理论基础与实践结合的方式，加强对教学内容、方法、形式的改革，形成比较完善的课程和学科体系，使思想政治教材更完善，并融入马克思主义的最新成果。改革开放以来，我国大学生思想政治理论课的开展对坚定大学生的马克思主义信仰和社会主义信念，提升大学生建设中国特色社会主义的信心，加强大学生对党和政府的信任，充分发挥了主渠道作用。新的历史时期下，新情况、新问题频发，大学生思想政治理论课也需要做好全面贯彻和深化工作，促进课程的综合改革，包括对教材的重新编写，对教师队伍的建设，以及对教学方式的完善，等等，以保障教学质量。2017年，党的十九大胜利召开，表明新时代中国特色社会主义思想的建设已经全面开启。为了提升大学生思想政治教育的实效性和针对性，必须要以习近平新时代中国特色社会主义思想为指导，加强社会主义理论体系的建设。

第四，着力于日常思想政治教育主阵地建设，将针对性与实效性有机结合的原则贯穿于教育管理服务全过程。

日常思想政治教育包括党团组织、班级建设、社团活动、校园文化等，与大学生的生活实际比较贴近，涉及大学生的学习、交友、生活等方方面面，对大学生的道德引导和思想熏陶等提供了正确的方向。在大学生日常思想政治教育中，必须要将理论教育与实践教育结合起来，不仅注重课堂方面的讲解，还需要引导大学生对社会的逐渐融入，从了解社会到深入社会、服务社会。注重对新形势下思想政治理论教育途径的拓展和延伸，积极开展实践活动，营造良好的校园文化，建设良好的思想政治教育基地。通过心理健康教育、思想政治教育的开展，解决大学生在生活和学习上遇到的实际问题。特别是在经济全球化的背景下，面对多元文化领域的冲击和斗争，国内外各种矛盾和问题的不断涌现和叠加，网络已经成为舆论的主要阵地。大学生是网络应用的主体，在多元文化冲击下，思想容易出现动摇，甚至容易走入歧途。因此，高校必须加强对思想政治教育工作的完善，建立与校党委统一的、党政结合的管理队伍，全校紧密配合，做好大学生思想政治教育工作，构建全方位、全员化的思想政治教育格局，将针对性与实效性有机结合的原则贯穿于教育管理服务全过程。

第五节 思想政治教育与专业知识教育相结合的原则

专业知识教育又称为高等教育的第一课堂，与之相对应的便是第二课堂。党的十九大报告指出，我国社会的主要矛盾已经转变为人民日益增长的美好生活需要和不平衡不充分的发展之间的矛盾。从教育层面而言，这意味着未来高校教育应进一步改革和完善，以满足人民对更高质量、更公平的教育的需求，这也给高等教育改革发展明确了任务。习近平总书记在全国高校思想政治工作会议上指出，思想政治教育工作必须坚持以德树人，并贯穿于整个教学过程，实现全方位、全过程的育人，开创新的高等教育局面。教育部部长陈宝生谈及课堂革命时也再次强调："坚持内涵发展，加快教育由量的增长向质的提升转变。把质量作为教育的生命线，坚持回归常识、回归本分、回归初心、回归梦想。深化基础教育人才培养模式改革，掀起'课堂革命'，努力培养学生的创新精神和实践能力。"① 由此可见，紧紧围绕立德树人根本任务，全面发展素质教育，促进高校第一课堂和第二课堂的协同融合，有其重要性和必要性。而思想政治教育作为高校第二课堂的主要内容之一，通过与专业知识教育的结合，最大限度地实现了高校第一课堂与第二课堂协调发展的教育目标。

在具体操作过程中，应遵循以下原则。第一，顶层设计紧紧围绕立德树人根本任务的原则。坚决贯彻党的教育方针，紧紧围绕立德树人根本任务，确保高校第二课堂的具体实践在马克思列宁主义、毛泽东思想、邓小平理论、"三个代表"重要思想、科学发展观、习近平新时代中国特色社会主义思想的指导下有序展开。第二，微观设计精准到位的原则。思想政治教育方案设计符合高校人才培养目标及校风学风建设，确保第二课堂培养体系为实现高校发展建设精准助力。第三，高校第一课堂和第二课堂协同融合基本原则。第

---

① 陈宝生：《努力办好人民满意的教育》，《人民日报》2017年9月8日。

一课堂与第二课堂相互补充,贯穿学生培养过程始终,为高等教育培养高素质人才提供新动力。第四,全体性与自主性协同联动原则。高校第二课堂活动设计应贯穿学生各学段,包含必选活动和自选活动。必选活动应要求全体学生参与,实现全覆盖;自选活动为发展型、补益型活动,供学生自由选择。第五,规范化与科学性协同并进原则。确保"统一布局、注重细节、明确任务、整体推进、重点突破、责任到人",科学设置高校第二课堂教育活动方式和内容,合理分布第一、第二课堂的供给学时,以确保第二课堂培养方案的科学合理。与此同时,应组建高校第二课堂工作保障机制,确保职责明确、分工明晰,并形成完整记录和配套的反馈机制。

第五章　大学生思想政治教育工作品牌化的定位与顶层设计

第一节　大学生思想政治教育工作目标定位中存在的问题

一、目标的缺位

新时期大学生思想政治教育的科学定位应该包括功能、价值、目标和观念四个方面：一是功能的科学定位，包括政治功能、经济功能、文化功能和生态功能的科学定位；二是价值的科学定位，包括社会性价值、个体性价值以及正确处理二者之间的关系；三是目标的科学定位，即培养出更多具有共产主义觉悟的全面发展的先进分子；四是观念的科学定位，包括确立大学生思想政治教育的发展观、质量观、资源观、任务观和德育观。倘若目标出现缺位，将极可能出现功能缺失、价值错位、培养观念空缺、培养效用下降等问题。当前，我国大学生思想政治教育的效果不佳，最主要的原因之一就是教育定位不够准确，所以亟须对新时期大学生思想政治教育重新进行科学定位。因此，应当紧扣时代脉搏，把握时代特色，牢牢抓住时代任务，结合时代需求与特点，科学合理地设定大学生思想政治教育的定位目标。

二、目标定位政治弱化

我国社会在政治、经济、文化等多方面发生的巨大变化，使得人们的思想行为呈现出许多新的特点，这影响了思想政治教育传播中政治的导向作用，甚至出现"政治弱化"的现象。

首先是个人主体地位的凸显。从思想政治教育的传播对象来看，个人地位的日益突出、个人选择的多元化，使得传播对象的关注重点从思想政治方面偏移出去，从而削弱了思想政治教育的传播效果。第一，态度中立。态度中立是指人们对事物多不做明确判断而采取不表态、容忍的态度，目前该现象已经在生活中的各方面和各层次上表现出来，尤其是在大部分传播对象对政治观念的反映上。他们对政治观点的不置可否、对政治现象的不在意，表现了当今社会上原有主导价值规范弱化，而新的主导价值规范尚未完全形成的现象。第二，选择自主。现阶段，传播对象在行为选择中的"自主"因素加大，突破了以往对集体的绝对服从，个人权利意识得到强化。这固然有利于调动传播对象的能动性，发挥个人作用；但同时也会减少个体对集体、组织的依附性，淡化传统的组织观念和服从观念，对长久以来的"集体意识"形成冲击，进而弱化其政治观念。第三，心理焦虑。它是思想政治教育传播对象的一种个体社会心理现象，表现出个体内心世界与外部社会现实的矛盾，是当前社会群体普遍具有的一种心理状态，这种现象在大学生群体中尤为明显。这会造成传播对象情绪上的过分紧张和莫名压抑，以自我为中心而无暇他顾，政治方面的问题更是不在其关注范围内，因而会产生忽视政治教育、忽视政治问题的现象。

其次,教育主体日常行为失范。政治本身就是标榜信仰和模范作用的,好的榜样会引导民众积极向上,参与到国家的政治秩序中来。但受市场经济和西方某些价值观念的影响,有些大学生思想政治教育主体的教育目的不再单纯以育人为根本,而是追名逐利,导致日常行为失范,台上台下的行为表现差异太大致使其教育者的形象无法服众,从而使其进行的思想政治教育的质量和效果降低,弱化了思想政治教育的政治性。

最后,重理论、轻实践的思想政治教育模式。从当前大学生思想政治教育的发展情况来看,已经具有比较完善的理论体系和专业课程,这是思想政治教育长期经验积累的结果,也是思想政治教育过程中的一个巨大进步。但是从大学生思想政治教育的效果来看,还缺乏政治理论与社会实际相结合的教学设计,这样无法提高大学生接受思想政治教育的兴趣,就会使大学生思想政治教育陷入理论化、知识化的怪圈,从而弱化其教育效果。

三、目标定位过分抽象化

抽象化是指针对一些复杂的事物,将其中的一项或者几项特点抽出,只关注几点重要特点和本质特性的过程,或者将几个不同物体中的相同性质或特性抽取出来进行孤立考虑的过程。抽象这一过程对于将物分成属和种是必需的,但是在思想政治教育目标定位时若抽象过度,则会出现指代不明的情况,这意味着目标定位失去指示思想工作的意义,目标定位失败,最终将导致思想政治教育工作紊乱,因此,在设立目标时，应结合实际，具体问题具体分析，确保目标方向明确、切实可行，正确指导思想教育工作的开展。

第二节　大学生思想政治教育工作品牌化的目标对象

《中共中央国务院关于进一步加强和改进大学生思想政治教育的意见》（中发〔2004〕16号文）指出，国际国内形势的深刻变化，使大学生思想政治教育既面临有利条件，也面临严峻挑战。新形势下，我国大学生的思想状态主流是积极向上的，但是不难发现在多元文化的影响下，当前大学生的思想呈现出明显的选择性、独立性、差异性和多变性等特点，受各种思想文化的影响非常大。大学生群体中出现政治信仰模糊、价值取向扭曲、理想信念迷茫等问题，还有部分大学生自控能力差、道德修养缺乏、成才意识单薄、诚信缺失、社会责任感不强。特别是当代大学生大部分是独生子女，从小在家人的宠爱和呵护下长大，缺乏独立担当、艰苦奋斗的精神，而且自我意识强，缺乏团队协作理念。正因如此，大学生思想政治教育尤为重要。

大学生思想政治教育工作被视为决定国家前途命运的战略工程，肩负着塑造人、培育人、促使大学生全面综合发展、把大学生培养成为中国特色社会主义事业的建设者和接班人的重任。2016年，习近平总书记在全国高校思想政治工作会议上的讲话，从国家发展、民族复兴的高度，回答了人才培养的问题，为大学生思想政治教育提供了充分的理论指导和行动指南，并将大学生思想政治教育目标明确为五个方面，即建设一流大学、坚持党的领导、担当传道授业解惑使命、实现全面育人、确立思想政治铸魂。2017年，教育部、财政部、国家发展改革委印发《关于公布世界一流大学和一流学科建设大学及建设学科名单的通知》，公布了世界一流大学和一流学科建设大学及建设学科的名单，"双一流"建设对大学生思想政治教育工作提出了更高的要求。

当前，大学生思想政治教育在大学生心目中的渗透力逐日下滑，在部分大学生眼中，思想政治教育就是呆板、教条的象征，甚至成为禁锢思想的教育工具。中国青少年研究中心、团中央学校部课题组对大学生思想政治教育状况进行了调研，结果表明，大学生思想政治教育存在的共性问题为"课程实效性差""授课方式陈旧""教材建设滞后""脱离大学生实际"。因此，越来越多的大学生对思想政治教育采取忽视、淡漠的态度。他们心目中的思想政治教育应该像知心姐姐一样了解他们的需求，用一种更易于接受的方式对他们进行学业及人生的引导。①

大学生思想政治教育工作的宏观目标应内化，同时在外化的表现形式上应采取贴近学生需求的、学生喜闻乐见的形式，与学生形成双向互动，才能让学生产生归属感。

---

① 参见中国青少年研究中心、团中央学校部课题组《"大学生思想政治教育"调研报告》，《中国青年研究》2005年第7期。

第三节 大学生思想政治教育工作品牌化的定位

一、大学生思想政治教育工作品牌培育的内涵

想要实现大学生思想政治教育工作的品牌化,必须要结合本地和本校的特点,加强对特色教育资源的整合,利用独特的教育理念、教育形式和教育内容,建立一套符合现代大学生思想建设内涵,经过长期实践而被大学生接受和热爱,对其世界观、价值观、人生观带来正面影响的精品活动和优质项目。

大学生思想政治教育工作品牌具有一般商品品牌的特点,即广知性、差异性和美誉性,又有其自身的独特特点,即先进性、模范性、认同性、示范性。

二、利用品牌资产共鸣模型寻找品牌定位突破口

通过品牌资产共鸣模型(图 5-1),从最底层的品牌标识开始,识别思想政治教育的目标与内涵,明确"你是谁"这个问题,建立广泛的品牌知名度,同时通过目标市场——大学生与思想政治教育的双向感知分析,寻找品牌定位突破口,以此满足大学生的需求,使大学生产生对思想政治教育的品牌共鸣,使大学生思想政治教育工作者都对思想政治教育工作产生信任感,并成为思想政治教育工作的倡导者和拥护者,为思想政治教育工作的开展提供更有利的途径。

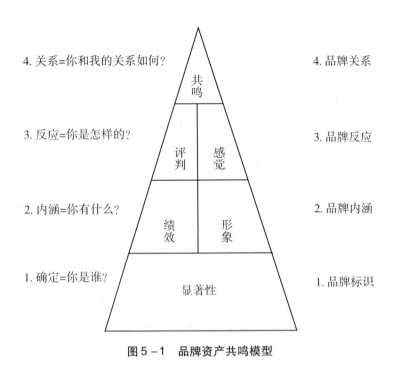

图5-1 品牌资产共鸣模型

（一）以立德树人为品牌的中心环节

大学生思想政治教育工作会影响高校的人才培养方向和培养效果，决定着高校人才培养的动机。在大学生思想政治教育中需要坚持立德树人，在教育的全过程中融入思想政治教学内容，实现全员、全方位、全过程的育人效果，创新高等教育事业发展的新格局。

以华东政法大学为例，该校一直在教育教学全过程中体现思想政治教育元素。华东政法大学党委书记曹文泽会在每届毕业生离开学校之前为他们上一堂课，课程内容包括引导学生以继承和发扬中国优良传统为己任，以华政人的品格严格要求自己，做一个学法、守法、用法、护法的对社会有用的人，在以后的工作中必须时刻胸怀大梦，包括人生梦、华政梦和中国梦，等等。校长叶青会为学生们宣讲法治中国，对中国法治化理念进行深入讲解，使学生明白中国法治化的发展路线，以及司法公正的重要性和司法不公正的后果，等等。校党委副书记、副校长闵辉也从"法治中国"方面进行宣讲，但是所讲内容主要围绕"传承华政精神，立志成才报国"展开，为学生以后的工作提供一定的指引，鼓励学生在司法工作中能够讲法律、讲证据、讲程序、讲法理。校党委副书记、纪委书记应培礼主要讲解专业课程方面的内容，如"犯罪社会学"，副校长顾功耘主要负责讲解"商事案例实训"，副校长林燕萍主要负责讲解"法律检索与法律研究（英汉双语）"，副校长唐波主要负责讲解"金融法学"，等等。在这些讲解中，为了使学生更深刻地感受到法治的重要作用，会融入很多鲜活的故事，帮助学生树立正确的思想观念、法治观念，在以后的人生中能够经受住金钱的诱惑，秉公执法。

（二）以社会责任为品牌的核心承诺

大学生思想政治教育应着重引导大学生培育社会责任感。社会责任感是被全社会认同的核心品牌联想，这个联想将有助于社会形成对大学生思想政治教育与时俱进性能的认知。

同济大学根据学校参与的项目，组织师生参与轨道建设、桥梁建设、抗震救灾、水环境治理等重大项目，在实践中贯彻思想政治教育，提升师生的社会责任感，体现出"同济天下"的博大胸怀。同济大学将这种教育理念向外辐射、传播，加强大学生思想政治教育工作的开展与深入，为社会发展领航。

（三）以互动式理念作为品牌的创建方向

当前大部分高校在思想政治教育工作中仍然采用单向灌输模式，针对这一模式的不足，在品牌培育方面，高校应提高品牌互动性，让思想政治教育工作真正对口供给方和需求方，搭建起连接思想政治教育工作者和大学生的桥梁。在互动品牌建设中，既要关注思想政治教育工作者的教学心态和教学质量，也要关注大学生的思想动态和接受程度。

第四节 品牌化视角下大学生思想政治教育的顶层设计

在品牌管理过程中，企业需要围绕品牌全方位做好各项工作，因此有"全员品牌"的说法。就大学生思想政治教育品牌化工作而言，全员品牌的概念同样适用，"大思政"概念就是其最好的写照。所谓"大思政"，即大学生思想政治教育不是少数思想政治教育工作者的职责，而是高校全体教职员工的职责，也是所有学生家长的共同职责。根据王加昌等人（2016）的理论[①]，"大思政"状态形成的重要标志在

[①] 参见王加昌、郭非凡《"大思政"的意蕴、困境与实践逻辑》，《福建师大福清分校学报》2016年第2期，第99~104页。

于思想政治教育被贯穿于所有课程的学习过程中，贯穿于学校生活的各个环节、各个层面中，并且全校教职员工都应自觉地担负起思想政治教育的工作职责。因此，大学生思想政治教育工作需要有"大思政"的意识和制度安排。在"大思政"理念下，高校可围绕以下三点展开思想政治教育品牌的方案设计。

一、"大思政"理念下的全员培训与全员执行

大学生思想政治教育工作品牌建设的首要任务是建设一支工作能力强、有奉献精神的思想政治教育工作队伍。这支队伍除了有传统的党政管理者，也应该有专业教师及家长群体。在传统观念中，从人才市场需求的变迁来看，多数高校把主要精力集中在专业教学工作上，甚至多数教师认为教学是"硬任务"，比思想政治教育和行政管理更加重要。但是，用人单位更加看重毕业生的忠诚、感恩、责任、合作、交流等可迁移发展的能力，而这些思想道德层面的素质，主要是依靠大学生思想政治教育来培育的。同样，从大学生成长过程来分析，进校时的"一张白纸"到毕业时的"学有所成"，并不是单单指拥有一张傲人的专业知识成绩单。高校教育应是多元化、系统化的，学生在校期间接受的教育应该包括课堂主渠道的教育、课外主阵地的熏陶、社会实践锻炼等多个方面。大学生思想政治教育工作品牌化的开展也应该围绕这三个方面下功夫。高校切实加强和改进思想政治教育工作是一个系统工程。正如习近平总书记在全国高校思想政治工作会议上的讲话中所指示的，必须做到"五要"，即要遵循思想政治教育工作规律，要用好课堂教学主渠道，要构

建中国特色哲学社会科学体系，要注重以文化人、以文育人，要用好新媒体、新技术。

如今，从高校的职能结构与师资力量来看，承担大学生思想政治教育职责的部门和人员主要有党委宣传部、学生处、团委、思想政治课教学部（马克思主义研究院）、网络中心（网络管理）、各二级学院辅导员与班主任等，这些部门管理多头，力量分散，各自为政，协调困难。"大思政"理念下的全员培训与全员执行有其必要性和重要性，就是要求高校将分散在各职能部门的思想政治教育力量整合起来。具体而言，基于问题导向、实事求是和风险可控的原则，高校应成立党委思想政治教育工作部，明确其具有党委工作职能部门和思想政治理论课教学组织协调部门的双重身份。把原来分散在党委宣传部、学生处、团委、网络中心、各二级学院辅导员及思想政治理论课教研室的职能统一起来，便于统筹部署，全力推进"大思政"工作。这样做的目的，就是要努力实现"八个融合"，即相关部门思想政治教育职能相融合，思想政治教育在行政体系与教学体系中的融合，思想政治主题教育与团学文化活动相融合，思想政治理论课专业教师与辅导员队伍建设相融合，思想政治教育与意识形态工作相融合，"互联网＋思想教育"与传统思想政治教育相融合，"导师"队伍管理与思想政治教育主线相融合，思想政治督察员职责落地与思想政治教育大格局相融合。如此，在"大思政"思想的指导下，将有效解决思想政治教育长期存在的"两张皮"现象，从而引导思想政治教育的观念变革，推进其工作创新，提高其针对性和实效性。

二、"大思政"理念下的品牌整合传播

品牌化最开始出现在市场营销中,其中,品牌整合传播是一种比较常见的营销方式,也被称为品牌整合营销传播,这个概念大概是从20世纪90年代开始流行的。当时,美国西北大学的唐·舒尔茨(Don Schultz)教授出版《整合营销沟通》①阐述了一种新的思维方式,认为整合营销传播就是将与企业经营相关的所有传播活动进行整合,也就是将企业的公关、广告、包装、营销、促销等所有的传播活动都整合到一起,进而使企业更全面、立体地进行传播。企业采用这种营销的目的是通过与客户的沟通,了解客户的价值取向和需求,并以此为基础制定针对性的促销策略。企业通过不同传播手段的协调应用,发挥不同传播工具的优势,降低促销宣传成本,同时,通过较强的冲击力,使促销获得成功。品牌传播的主要价值在于这是一个全过程的管理,用来对品牌资源进行协调,进而促进企业的健康发展。整合品牌传播计划的制订需要先确定一个完善的战略对策,用来维系客户和消费者之间的稳定关系。品牌整合营销传播的特点包括目标性、互动交流性、统一性、连续性和动态性等五点。大学生思想政治教育品牌的整合营销传播过程,与企业品牌化的过程相类似,即制订一个整合的大学生思想政治教育品牌传播计划,确定一个品牌整合传播的战略方法,建立大学生和思想政治教育工作者之间的更加稳固的关系,因此其同样体现了上述五个特点。由于动态性在上文已有提及,下面着重介

---

① [美]唐·舒尔茨:《整合营销沟通》,上海人民出版社2006年版。

绍目标性、互动交流性、统一性和连续性。

第一,目标性。品牌整合营销传播的开展需要基于已经明确了的目标消费团体。它并不是面向所有消费者,而是针对一定区域和特定时期的消费人群,并对目标人群的需求特点进行研究,进而采取相应的传播手段和对策。在营销传播过程中,虽然也会对一些潜在消费者形成辐射作用,但是并不是将这部分消费者作为主要目标人群。大学生思想政治教育主要针对大学生,力图加强大学生的思想政治修养,目标明确而具体。

第二,互动交流性。在品牌整合营销传播中,企业运用各种手段和方式建立起与消费者的良好沟通关系,这种关系不是向客户进行单向信息的传递,而是一种双向交流。企业需要了解消费者的需求,在活动的各个环节都以消费者的需求为基础,提升消费者的认同感,同时,通过客户的反馈及交流,实现双向沟通。沟通有利于明确客户对企业、品牌的准确定位,能处理好企业与消费者之间的关系。在大学生思想政治教育工作中,高校要注重和学生的互动,关注学生的反馈信息,在进行思想政治教育的同时,加强与学生的联系,并根据学生的反馈及时进行调整与优化;建立互动性品牌,让思想政治教育真正连接当代青年大学生。

第三,统一性。在以往的企业营销传播理论中,将公关、促销、广告、推销等业务板块划分给不同的部门来独立运作,缺乏对这些资源的整合。这种情况造成了资源的重复使用,而且不同部门在信息传递及营销观念方面也不够统一,这种内部分歧会使消费者对品牌的印象大打折扣,导致其传播效果受到影响。在大学生思想政治教育工作中,品牌整合营销传播可以实现合理分配资源的目的，根据统一的策略和目标，将各种传播方式结合起来，展现出统一的主题和品牌形象，在品牌塑造的过程中能够形成合力，促进大学生思想政治教育品牌的发展。

第四，连续性。品牌整合营销传播是一个需要不断重复和持续发展的过程，通过对统一主题和形象信息的重复宣传，提升消费者对品牌的关注度和注意力。同样，大学生思想政治教育工作也需要保证持续性，使思想政治教育内容能够持续地灌输给大学生，并贯穿在各项教育工作中，提升大学生对思想政治教育的关注度和认同度，以实现大学生思想政治教育的工作目标。

从品牌整合传播的视角来看，大学生思想政治教育工作品牌价值观的建设过程中，目标性体现在对大学生目标群体的精准划分和有针对性地开展活动；互动交流性、统一性和连续性则体现在通过多种手段、多种渠道开展思想政治教育品牌活动，通过多层次、多角度的活动互补，充分实现与大学生的深度沟通，实现思想政治教育的全过程发展，提升大学生思想政治教育工作品牌的绩效。具体而言，通过课堂授课、课外讲座、社会实践、学术竞赛、志愿服务等多种手段和多种渠道的互相融合，避免品牌沟通传播中产生信息不对称的问题。

以中山大学国际金融学院为例，其将思想政治教育工作分为党建活动、团建活动、干部培养和志愿服务四个模块（表5-1），通过各模块下的多个子活动的相互配合、相互协调，最终实现思想政治教育工作品牌化的整合传播、协同发展。

表5-1　中山大学国际金融学院思想政治教育工作的模块划分

子模块	具体活动	主办单位
党建活动	主题学习活动	团委
	入党动员工作	团委
	党员发展工作	团委
	党员教育系列活动	团委
	支部实践活动	团委
	形势政策课	团委
团建活动	主题活动（班会及团日）	团委
	党章学习及推优工作	团委
	团员教育系列活动	团委
	"青马"班系列活动	团委
	"青马"基地系列活动	团委
干部培养	干部成长系列讲座	学生会
	干部外出学习及参访	团委
	干部考核及评优	团委
志愿服务	学长团（×××计划）	学生会
	"守护美丽校园"中大庆生活动	团委
	声援——为盲童录制有声书公益活动	团委
	Mthins Buddy学伴	学生会
	"三下乡"实践活动	团委
	逐梦100（团委）	团委
	守护口腔健康	团委
	学校图书馆图书整理	团委

三、"大思政"理念下高校第一课堂和第二课堂的共通融合

就第一课堂而言,要充分利用好课堂教学,不断地发现思想政治教学中的问题,并不断完善和改进,提升思想政治教育的针对性。开展理想信念教育,传播马克思主义科学理论,将社会主义核心价值观融入教育教学、管理服务全过程。例如,在高校第一课堂中,紧扣时政热点、前沿问题,开展启发式教学,及时更新教学内容,丰富教学手段,着力提高课堂教学的亲和力和感染力。同时,采取专题讲授的方法整合教材内容,突破传统的体系式教学模式,建构思想政治理论课专题式教学新模式,即把过去按教材章节目录顺序进行教学的传统模式转变为专题式或案例式教学,对课时比例进行科学的调整,其中,课堂专题讲授占2/3,课后专题论证与实训占1/3。专题设置做到源于教材又高于教材,打造"线上线下精品课堂",使学生能主动吸收知识,最终实现学生的到课率、听课率和抬头率的显著提高。

同时,高校第二课堂的推广也不能忽视,正如习近平总书记2016年在全国高校思想政治工作会议上的讲话中所言:"大学生思想政治工作要坚持把立德树人作为中心环节,把思想政治工作贯穿教育教学全过程。"大学生思想政治教育工作者应重视思想政治教育工作品牌化从第一课堂到第二课堂的延伸,并结合学生的反馈形成良性循环。例如,在专业知识的讲授上采用马克思列宁主义教材,通过专业教师的人格魅力和专业素养,在潜移默化中传输社会主义核心价值观,等等。以中山大学国际金融学院为例,学院将"大水漫

灌"与"精准滴灌"结合起来,实施"第一课堂理论讲授+第二课堂实践教学"模式,组织辅导员进第一课堂,把第一课堂的教学内容与学生专业、思想实际结合起来,据此确定第二课堂校园文化活动的主题。同时,将第二课堂主题教育活动纳入思想政治理论课教学计划,再组织思想政治理论课教师和专业教师进第二课堂,并为辅导员和教师增设课时,给予相应的课时费,落实了辅导员和教师的双重身份。中山大学国际金融学院结合中山大学的主题教育活动广泛开展第二课堂,并将专题教学的实践部分与第二课堂结合起来,开展学生可以亲眼看见、亲身经历、亲身感受的实践活动,强化理论与实际的结合。大班理论教学、小班实践活动的教育模式得到普及,真正实现了思想政治理论课实践教学的全覆盖。通过高校第一课堂与第二课堂的结合,使教师可以更好地了解学生的实际需求,保证教学内容的针对性,使学生通过第一课堂的学习,在第二课堂中发挥自主性作用,并形成互学互助、互帮互促的教学效应,提升思想政治教学的效率,充分发挥学生在教学过程的主体性作用。

第六章　大学生思想政治教育工作品牌化的过程

第一节　阶段一——规划与执行大学生思想政治教育品牌活动

品牌，是指具有经济价值的无形资产。现代营销学之父科特勒在《市场营销学》一书中指出，品牌可以定义为销售者为购买者提供的一种长期、特定的服务、利益。①

在市场演化过程中，品牌的内涵和作用有所拓展，不再只是对品质的区分和证明。现代"品牌"概念蕴含的内容更为丰富，包括企业文化、企业性格、个体特征、企业实力等。品牌决定产品或服务的市场定位，体现出产品、服务、性能、质量、技术等多个方面的价值。

《国家中长期发展规划与教育改革纲要（2010—2020年）》要求加快高等教育质量的迅速提升，新的时代背景也要求大学生思想政治教育工作要努力提升科学化水平，大学生思想政治教育活动要实现由规模向品质、由粗放向精细的快速转变。

---

① 参见［美］加里·阿姆斯特朗、菲利普·科特勒《市场营销学》（第9版），吕一林等译，中国人民大学出版社2010年版，第184～191页。

大学生思想政治教育工作加快品牌建设刻不容缓,具体来说,"做出品牌"就是创建思想政治教育品牌资产。大学生思想政治教育工作在品牌化建设过程中,必须要依靠强大团队的支持和执行,而这些团队本身需要具有较高的学习能力、创新精神等,并通过实践,对大学生思想政治教育的规律和特点等进行总结、分析和研究,做好在教育内容、方法、模式上的创新,促进大学生思想政治教育工作的全面提升。姬世祥(2015)提出,这种新型品牌建设团队在现实中非常缺乏,因此,着力培养具有创新精神、勇于突破的队伍,是创建大学生思想政治教育品牌资产的重要方式。①

"做大品牌"是指在形成品牌资产后,通过各种营销手段对品牌资产进行巩固和提高,包括提高品牌影响力、客户忠诚度等。

企业形象的塑造和提升依赖于公众的信任,从本质来说,也就是品牌的作用。品牌带来的效应能够为企业带来更多的利润。企业在树立品牌的过程中,主要是锁定消费者,使其对品牌具有较强的信任度,并保持对品牌的良好印象及持续的关注。同样,优秀的大学生思想政治教育品牌也需要在大学生群体中积累良好的口碑,如团中央发起的"青马工程",各高校纷纷响应,建设"青马学堂",有力促进了"青马"学员的学业发展和成长成才,老学员的好评使得每年有大量新生报名参加"青马学堂",报名人数居高不下,"青马学堂"成为思想政治教育的金字招牌。

---

① 参见姬世祥《品牌建设打造大学生思想政治教育工作生命力》,《亚太教育》2015年第30期,第261页。

在客户忠诚度的培养过程中，企业只要获得了客户的信任，就能够获取巨大的利益，而这也是企业打造品牌的重要意义。优秀的大学生思想政治教育品牌也具有强大的号召能力，能保证大学生的参与度和相关活动的影响力。

对于大学生思想政治教育工作品牌化而言，如何做大品牌资产，提高思想政治教育品牌的影响力，也是思想政治教育工作者需要思考的问题。思想政治教育工作者需要充分调研，了解学生需求，坚持一元化的理论教育主导，采用多元化的方式讲解基本内涵，培养学生对思想政治教育内容的学习兴趣。在教育目标的设置上，注重主导性与层次性的结合；在教育内容方面强调主导性，保证内容的丰富；在教育的渠道上，实现主阵地和渠道的互动；在教育要求方面，做好先进性与广泛性的辩证统一。

王万明（2012）[①]指出，具体做大思想政治教育品牌资产有四种方法。

一是创新发展主导性路径。思想政治教育工作者可以在理论教学中创新教学方法，如利用讨论、辩论、小组交流等方式，通过学生间的互动，使其对思想政治教育内容的理解更深刻。

二是创新发展实践教育法。除了传统的课堂教学外，思想政治教育工作者可以带领学生进行社会调查、参与志愿者服务或实习实训等活动，将课堂上的理论知识应用到实践中，这也是引导学生逐渐走向社会的重要方式。

[①] 参见王万明《大学生思想政治教育的有效做法和成功经验品牌化建设研究》，《廊坊社会学院学报》2012年第6期，第107～110页。

三是创新发展多元化渠道。思想政治教育工作者需要根据社会发展及学生个体的变化等,对教育方法进行创新,可以将传统灌输式的教育方式转变为互动、咨询、体验式的教育方式,对学生进行引导。

四是创新综合化发展路径。在大学生思想政治教学中,思想政治教育工作者需要将德育与学生的全面发展进行有效结合。在强调以学生为主体的同时,坚持依法管理策略;在强调主旋律教育的同时,注重教学的多元化发展;在不断完善现实教育的同时,开展网络教育;在坚持教师讲授的同时,也需要引导学生自学。

此外还需要"做强品牌",这不仅体现为品牌在对外市场上的影响力,更重要的是品牌在团队中的影响力。

对企业而言,成功的品牌化过程可以提升员工的信心和自豪感,使员工对企业更加认同和信任,愿意为企业服务,并不断提升自身的能力和素质。这对企业和员工来说是一种双赢,而且有利于提升企业的凝聚力,使员工保持主人翁精神,与企业同发展、共进退,并为企业更好的发展而努力。大学生思想政治教育亦同理,接下来将详细阐述如何规划大学生思想政治教育工作并予以执行、落实。

一、选择品牌元素,创建大学生思想政治教育品牌资产

品牌元素有时也称为品牌特征、品牌要素,指的是那些用以识别和区分品牌的商标设计。品牌元素本身是一种商标设计,用来帮助企业的消费者区分自身产品与竞争对手的产品,包括品牌的名称、形象代表、标识、包装、广告语等。

可以将品牌元素理解为一种感官符号标识，也是加深品牌意识、提升品牌联想功能的工具。合理设计的品牌元素对大学生思想政治教育工作品牌化具有重要的启示作用。大学生在对思想政治教育活动缺乏了解的情况下，可以根据对品牌元素的认知和体验而对其产生联想。

品牌元素由品牌名称和品牌识别系统两部分构成。

品牌名称至关重要。在为品牌命名时，应多方位考虑、仔细酝酿，不可草草了事。品牌命名需要注意以下四个要点：①简单、易记、容易识别，能准确传达品牌的核心价值和定位；②彰显品牌独特的个性和风格，令消费者易于识别；③具有国际视野，能够在全球得到法律认可和保护，并且能够跨文化、跨地域地进行传播；④具有暗示作用，能够启发客户对品牌的积极联想。

长久以来，大学生思想政治教育在人们心目中的形象就是生涩、刻板，而无法真正在脑海中呈现一个具体且形象鲜明的标志。因此，要对思想政治教育工作进行品牌培育，必须为其建立品牌特征，使其形象化，形成品牌响应，从而强化大学生对思想政治教育品牌的认知，形成正面的品牌判断和品牌感受。

要将大学生思想政治教育工作立体化、形象化，首先要从品牌名称抓起，不只是拘泥于简单的"思想政治教育活动"这类字眼，可以更多地开拓思路。例如，某个思想政治教育品牌活动命名为"思源"，名称精简易懂，不仅文雅地表达了这一思想政治教育品牌活动"饮水思源"的理念，还体现了参与活动的大学生践行服务、回馈社会的优良品质。

品牌识别系统（Brand Identity System，BIS）是形成品

牌差异并塑造其鲜明个性的基础。品牌识别系统并不等同于企业识别系统（Corporate Identity System，CIS）。企业识别系统是以企业为导向的，而品牌识别系统是以客户为导向的。品牌识别系统主要包括品牌理念识别（Brand Mind Identity，BMI）、品牌行为识别（Brand Behaviour Identity，BBI）和品牌视觉识别（Brand Visual Identity，BVI）三个基本要素。而思想政治教育活动必须保证这三种要素步调一致、协调运作，才能保证大学生思想政治教育品牌形象塑造的成功。

（1）品牌理念识别。品牌理念识别是一种情感体验和文化体验。通过它，可以向消费者进行品牌个性、品牌使命、品牌核心价值、品牌价值主张、品牌文化和品牌定位等意识形态方面的宣传，它是品牌识别系统的核心和建立其他识别系统的基础。建立品牌理念识别的最终目的，就是以独特的文化体验和情感体验打动客户，在品牌与客户之间搭起沟通的桥梁。一方面，创意独特的标语就是一种重要的品牌理念识别，如"学习雷锋好榜样"成为每年"3·5学雷锋日"的最佳口号；另一方面，大学文化也是一种重要的理念识别，如中山大学"德才兼备、领袖气质、家国情怀"的育人方针便成为中山大学培养人才的核心理念，也是其思想政治教育的工作目标。

在确认思想政治教育品牌活动标语时，应注意以下四点。

一是体现方向性。在不同的历史时期，思想政治教育的中心目标和任务存在一定的差别，在中心目标和任务的设计上也会存在一定的变化，所以，在标语的方向选择上需要符合"一张皮"原则。

二是注重振奋性。标语不仅是品牌活动精华的凝聚，也是思想政治教育团队齐心协力、共同进步的精神支柱，虽然大学生在性别、年龄、家庭背景等方面存在一定的差别，但也存在一定的共性，都对美好的事物和未来具有强烈的憧憬和追求。所以，在大学生思想政治教育品牌标语的制定中，可以以大学生共同的理想信念为理论基础。

三是具有艺术性。品牌标语的设计是对理论进行大众化的宣传，需要让受众快速熟记、乐于接受。同时，标语中还需要包含丰富的内容，语言要生动活泼，具有表现力。例如，品牌标语"责任于心，奉献于行"便体现了引导大学生培养社会责任感，同时将责任感外化为行动，从自身做起并影响身边的人，奉献社会，多为善举，为社会作出更大贡献的活动宗旨和活动目标。

四是追求创新性。制定大学生思想政治教育品牌标语时，必须符合时代的发展需求，不能守旧。这种创新主要表现为话语体系和表达方式的创新。例如，爱国教育系列活动的标语"厉害了我的国"，就仿照网络流行语"厉害了我的哥"进行宣传，不仅标语振奋人心，也迎合了大学生的口味。

（2）品牌行为识别。品牌行为识别是一种动态的品牌识别，包括品牌内部行为识别和品牌外部行为识别两大部分。品牌内部行为识别主要包括企业内部环境与气氛的营造、员工培训及行为规范化。品牌行为识别以人为载体，因此关键是需要将品牌核心理念融入每位员工的心中，同时从各个细小环节对员工的行为进行规范。品牌外部行为识别主要包括营销行为、管理行为、社会公益行为、服务行为、公共关系行为等所有与经营有关的、直接面对公众和社会的行为要素。例如,一次成功的社会公益活动、一次令客户满意的活动介绍,都能给客户带来美好的体验,从而实现品牌加分;反之,一次没有遵守承诺的行为就能给客户带来不好的体验,导致品牌减分。换言之,品牌行为识别就是品牌向客户兑现品牌承诺的过程。

大学在开展思想政治教育工作品牌化时也应加强品牌行为的识别度。例如,湖南某高校为打造在湖南省乃至全国具有一定影响力的思想政治理论课程教育品牌,高度重视教师队伍建设。一是把好师德关,打造"德师"。把思想政治理论课教师的政治立场作为首要标准,把师德师风作为核心评价指标,培育了一大批理想信念坚定、师德高尚的思想政治理论课教师,其中,有的教师连续四届入选该校师德师风十佳先进个人;同时,聘请10余名政治立场坚定、师德师风过硬的专家学者、党政领导和先进人物兼任思想政治理论课教师,专兼职结合打造"德师"。二是把好培养关,打造"名师"。鼓励教师队伍"走出去",参加全国大学生思想政治理论课骨干教师专题研修班等国家示范培训等。这是因为教师队伍的内在品质及外在行为均于无形中反映了该校思想政治教育工作品牌化的成果,扩大了大学生思想政治教育品牌活动的知名度。①

又如,南京建邺区的蓓蕾社区建立的思想政治教育品牌活动"宣德堂",创新地推出"立体化"公益服务,使之成为品牌的一大亮点,如引进中国青年博士联盟、嘤鸣读书

---

① 参见《推进五项建设 打造思政品牌》,湖南铁道职业技术学院网,www.hnrpc.com/info/1185/2633.htm,2017年7月28日。

会、天成艺术中心等一批在国内外具有影响力的社会组织，积极培育壮大本土民间团队，共同提供社会公共服务，既分担了社区服务性职能，实现减负增效，又有效满足居民日益多元化、专业化、常态化的诉求，实现了公益服务全方位、立体化。①

（3）品牌视觉识别。品牌视觉识别是一种静态的品牌识别，可以理解为以品牌理念识别为基础而为受众创造的一种感官体验，包括特殊的品牌记号、品牌标志、品牌代言形象、人员着装等元素的设计，也包括产品形象和包装、商业终端等其他与视觉有关的设计。品牌视觉识别也可以扩展为品牌感官识别，如声音识别、触觉识别、味觉识别等。恰当的品牌视觉识别不但可以强化客户对品牌的记忆，也可以为客户带来积极的品牌联想，进而提高品牌的美誉度和客户对品牌的忠诚度。

对于大学生思想政治教育品牌视觉识别而言，应注意四大原则，即标准性、差异性、艺术性和适应性。具体而言，即对品牌元素进行标准化设计，突出品牌个性和品牌核心价值，与其他品牌的视觉识别形成差异，既符合实用要求，能准确地传达品牌的个性和核心价值，又符合大众审美要求，能以一个艺术化的形象带来视觉冲击。例如，确立某个大学生思想政治教育活动品牌的标志，就像校徽等元素一样，让人可以一目了然地想起该思想政治教育活动，也可以放在宣传品上，加深大学生对该思想政治教育活动的归属感与认同

---

① 参见殷学兵《建邺"宣德堂"，家门的道德讲堂》，《南京日报》2017年5月2日。

感。同样可以作为思想政治教育品牌视觉识别的还有服装、办公场所的布置等。相比于开展思想政治教育品牌活动时参与者服装各异，组织者安排参与者身着印有大学生思想政治教育品牌名称和标志的服装，参与其中的大学生的归属感自然能得到提升，忠诚度便也会随之提高。

二、全方位整合传播，扩大品牌影响力，提高品牌共鸣度

品牌影响力是指品牌开拓市场、占领市场并获得利润的能力，现已成为左右客户选择商品的重要因素。品牌影响力体现的不仅是企业的内在核心影响，同时包括其外延的影响，是影响力在更高层次上的提升。对于大学生思想政治教育活动而言，其品牌影响力和共鸣度关乎学生的接受程度和接受效果，关乎开展思想政治教育工作的实效。一个极具影响力的品牌活动，甚至能带动高校整体思想政治教育的环境和氛围。

（一）与时俱进，实现体系化课程教育

要处理好大学生思想政治教育活动品牌与高校整体思想政治教育工作的关系，在彰显特色、亮点和价值的同时，引领和带动其他方面的工作。大学生的思想正处于高速变化时期，针对实际情况，思想政治教育工作者需要不断更新教学手段，与时俱进，在教学上最忌讳零散授课。例如，中国大学的慕课就因为体系化的网课教学而广受大学生的好评，因此，大学生思想政治教育课程也必须实现体系化教学。

（二）全面协调，创新立体化教育方法

打造大学生思想政治教育品牌的目的是更好地为学生成才成长服务，要围绕立德树人根本任务这个中心打造品牌，才能起到提纲挈领、总揽各方的作用。在这种情况下，大学生思想政治教育工作就必须紧跟时代步伐，改变过去单一的教师灌输型教育模式，调动社会、家庭等各个方面的力量来立体式地培养大学生的思想观念。中国人民大学就实施了立体化教学、实战型教育，倡导学生实事求是、学以致用。在某课堂上，一名"歹徒"挟持了一名女生，"警察"在一旁与其对峙，向上级汇报应对方案。如果不是台下不时传来的讨论声、讲台旁教师穿插的点评，也许你会误以为这里真的发生了袭击事件。事实上，"袭击事件"是课堂上的一次情景模拟，是将真实的社会管理案例搬进课堂。中国人民大学所提倡的"立体化教学、实战型教育"的教学方式广为学生称道，更让学生切身感受到了公共管理的复杂与艰难。[①]

除此之外，在网络技术和信息技术飞速发展的今天，高校也要利用网络的正面教育功能，建立"红色网站"，建设微博、微信公众平台、专题网站等媒介，引导大学生接受正面教育，避免网络所产生的负面影响。例如，安徽建筑大学与合肥师范学院在微博上以情侣身份"互诉衷肠"，拟人化的互动不仅获得了大量的热度和流量，也起到了良好的校园宣传效果。

[①] 参见常宇豪、侯宇澄、陈伟婷《唐钧：立体化教学 实战型教育》，《中国人民大学校报》2014年1月6日。

（三）保证质量，加强标杆化工作队伍建设

对大学生思想政治教育工作的改善，本质上是对人的改善，因此，构建一支高能力、高素质的教师队伍尤为重要，是提升大学生思想政治教育工作效率和质量的基础，也为学生树立了标杆榜样。例如，团中央发起的"青马工程"旨在培养优秀的青年马克思主义者，发挥其先锋模范作用，成为其他同学的学习榜样。同时，党员要发挥先进典型的模范作用，将先进典型的精神内涵深度挖掘、广泛宣传，真正让先进典型成为思想政治教育工作的"助推器"和"航向标"。要引导每位党员以先进典型为镜，对照自身查找问题，不断提升联系、服务群众的能力，永葆党的先进性。此外，注重对学生身边典型的挖掘和培养，坚持每年开展十佳大学生、十佳优秀学生干部、十佳学风特优班、十佳学习型宿舍等评选表彰活动，充分发挥榜样示范引领作用。

（四）以问题为导向，创新跟进式教育方式

借助以问题为导向的大学生互动活动，对大学生进行隐性思想政治教育。例如，进行团队式、集体式的竞赛活动，让大学生在活动中亲身感受社会责任、集体荣誉感、归属感，合作解决问题，把个人发展与团队、班级、学校的发展紧密结合，将大学生思想政治教育落地落细落实，在活动中提升学生的参与感和社会责任感。

（五）促进身心健康发展，注重普及化关怀互助

以入学、实习、就业三个时间节点为切入口，在思想政

治教育中关注对大学生的心理引导,以普及心理学方面的知识和预防心理问题为目标,结合大学生的心理特点,以朋友的身份对大学生进行心理干预训练。同时,根据大学生的特点开展针对性测试、讲座等活动,促进大学生身心的健康发展。在心理辅导方面,除了心理辅导课程外,还可以通过心理知识讲堂、心理剧等方式对学生进行疏导。随着网络和智能终端的发展,教师可以利用微信公众平台为学生开发线上课堂,向学生推送心理学知识。例如,全国几所知名高校与全球大型学分课程运营服务平台智慧树合作,进行大学生心理健康教育,通过网络向全国各地的大学生授课,取得了良好的互动效果和活动口碑。

三、利用次级品牌杠杆,强化大学生思想政治教育品牌归属感

高校应以问题为导向,开展各类与思想政治教育相关的活动,将活动品牌化,以品牌影响人,以管理塑造人,积淀专业基础,增强活动吸引力,增强大学生对思想政治教育的信赖感和归属感,使思想政治教育能够更好地渗透到教学中。提升大学生对思想政治教育的归属感,有利于加强思想政治教育的渗透力和针对性。

(一)倡导科技学术之风

大学生思想政治教育工作是高校人才培养的重要环节,与高校的学科设置、专业特色紧密相连。大学生思想政治教育工作的品牌化要紧紧围绕学生的专业学习和科技创新能力的提高来推进,只有结合学科专业,品牌才有深度,才有凝

聚力和吸引力,才能在学生专业素质的提升中发挥重要作用。例如,开展"花旗论坛"等专业比赛、研究生主题学术论坛,积极组织学生参加"挑战杯"等课外学术科技作品竞赛,使大学生在团队学术比赛中培养团队意识,学会用先进思想武装头脑。

(二) 发挥艺术的以美育人功能

高校应积极探索和推进符合高校实际的艺术教育方式,不断增强校园文化的感染力。例如,中山大学国际金融学院举办的"金声永流传"大型文艺会演,通过实践管理,在潜移默化中建设精英学生干部团队,与时俱进地打造先进文化传播阵地。

(三) 鼓励和支持开展大学生社会实践服务和青年志愿者服务活动

高校应重视暑期社会实践工作,成立社会实践工作领导小组,落实志愿者工作机制,使大学生在实践中深入社会、乐于奉献、健康成长,激发大学生的专业探索欲望,提高他们服务社会的意识。

(四) 发挥校友群体在品牌培育过程中的承上启下作用

高校可以启动校友学伴计划,依托校友平台,开展主题参观、科普基地建设、班级座谈会、主体论坛讲座等活动。例如,中山大学国际金融学院创建了"校友学伴计划",在校学生通过与校友的互动,了解所学专业的发展情况，探讨学业中存在的问题，使在校大学生具有明确的发展目标。

除此之外，发挥校友群体的作用，可以培养在校大学生的创新精神、探索精神，突出教育的社会性、权威性、专业性，同时，体现教育形式的多样性、引导性，进而形成校内外合作、互相补充的工作模式，促进在校大学生的健康成长和全方位发展，为思想政治教育的开展提供有效的保障。

第二节　阶段二——评估和诠释大学生思想政治教育品牌效果

一、品牌跟踪与定性定量研究，了解学生满意度

品牌跟踪（brand tracking），又称品牌追踪，是对指定品牌的品牌接触点在时间及空间上的跟踪。从时间来看，品牌跟踪需要对品牌接触点的数值以时间进行排序，进而了解品牌生态位的变化情况，为品牌的创建提供有效的数据。[①]

对企业来说，品牌跟踪可以从五个方面进行分析，分别为品牌表现（brand performance）、品牌形象（brand image）、品牌价值（brand value）、广告宣传的有效性（advertising effectiveness）、消费者需求（consumer dynamics）。

品牌表现包括品牌使用率（即消费者近期对品牌的使用

---

① 参见漆舒汉《社交媒体中品牌实体信息检索方法研究》，哈尔滨工业大学博士学位论文，2018 年。

情况，可以根据产品的类型确定具体的时间段，如对于快速消费产品在时间段的设定中会相对较短，而耐耗品的时间设定可以较长）、品牌的知名度、消费者的购买意向等，这些也是进行品牌检验的重要指标。此外，品牌检验指标还包括品牌区隔和品牌转换两个方面。

品牌形象，顾名思义，是品牌在消费者心目中的形象和认可度，通俗点说，就是品牌在消费者心里是什么样的。通过对品牌形象的跟踪，有利于帮助企业对品牌广告宣传的评估，以及对形象设立做有效性分析，同时可以使企业了解消费者对广告的了解程度，对后期树立品牌形象起到重要的指导作用。

品牌价值是品牌评估中唯一可以量化的指标，可以帮助企业了解消费者对品牌的情感性和功能性利益的感知程度，明确消费者对品牌的态度和反应。在品牌的各个指标中，可以通过询问或打分的方式得出品牌价值。

广告宣传的有效性主要是通过对广告宣传有效性的评估，使企业可以对广告的投入和产出进行准确的衡量，保证广告投入的质量，同时，对广告评估的品牌认知度也能进行有效的提升。同样，在大学生思想政治教育工作品牌化过程中对品牌宣传的有效性进行评估也必不可少。通过科学化的评估，思想政治教育工作者可以对该品牌的培育效果、宣传效果等有一个初步的了解，从而及时调整品牌培育的工作计划，不断完善思想政治教育品牌化工作。

消费者需求研究主要包括消费趋势、消费需求、产品的可替代性等。对这部分内容的研究，有利于企业对消费群体进行细化，掌握不同消费群体的需求及未满足的需求等，为接下来的产品定位和发展方向提供有效依据。①

整体来看,大学生思想政治教育可以根据企业品牌创建的形式,采用品牌表现、品牌形象、品牌价值、广告宣传的有效性、消费者需求五种品牌跟踪方法,通过焦点小组访谈、自由联想、投射法、询问和打分法等,了解大学生对高校所培育的思想政治教育活动品牌的印象及认同感,从得到的信息中评估品牌培育的效果及工作效率,及时进行调整。

二、综合运用多种现代科学方法,度量教育有效性

南京市委党校哲学与文化教研部马运军曾指出②,近年来,思想政治教育的理论和实践研究获得了很大的进展,出现了很多新的研究成果,但是如果从思想政治教育的投入方面来看,收到的成效还远远不足,并提出了衡量有效性的三个标准。

第一,在思想政治教育工作中,必须以政治性为前提,强调教育性和科学性。例如,在大学生思想政治教育的理论灌输方面,讲授的内容并不是简单的说教,还需要让学生明白其中的道理。只有理论具有可信度,才能说服别人,所以大学生思想政治教育工作者需要做到以理服人。理论灌输的语言应用需要做到讲真话、讲实话和讲新话,保证在讲解的

---

① 参见闫夫军《品牌跟踪研究的主要内容及分析方法》,易迈管理网,http://www.mba163.com/glwk/qyzl/200601/24951.html,2006年1月11日。

② 参见马远军《注重思想政治教育有效性》,中国社会科学网,http://ex.cssn.cn/dzyx/dzyx-gwpxjg/201808/t20180828_4550292.shtml,2018年8月28日。

过程中紧跟时代发展、接地气、由浅入深地逐层进行。同时，理论灌输并不是简单地进行信息的单向传播，而是一种双向交流和循环传播的过程，大学生思想政治教育工作者在教学过程中必须注重平等对话、循循善诱的原则，进而达到教学目的。

第二，思想政治教育的设计与实施，需要以解释现实为基础，加强约束和指导作用，要在解释现实的基础上发挥导向作用、约束作用。例如，可以充分运用案例分析等学生更易理解和接受的方法进行教育。

第三，需要结合不同的教育方式，如采用渗透式、浸润式结合常态化的教学方式进行。基于此，大学生思想政治教育活动应该综合运用各种方法进行有效性评估，针对大学生思想政治教育有效性的具体表现形态采用相适应的评估方法，如利用情景模拟法对教育主客体的内在素质进行评估，利用模糊数学法对教育主体与客体的价值观念、道德修养等方面进行评估，真正评价思想政治教育的有效性，用科学方法反馈思想政治教育质量。

第三节 阶段三——提升和维系大学生思想政治教育品牌效应

大学生思想政治教育工作的品牌培育是思想政治理论与社会发展实践相结合的产物，也是市场营销理论与马克思主义经典理论相结合的产物，更是大学生思想政治教育工作的一次尝试和探索。大学生思想政治教育品牌化能够提升思想政治教育工作的效率；通过资本投入、组织构建及市场营销等，培育出大学生喜闻乐见、具有明显时代发展特点的思想政治教育品牌；使传统思想政治教育对象从被动接受转变为主动学习，提升思想政治教育学习中的互动性，实现全方位、全过程育人。

大学生思想政治教育工作的品牌培育不仅是提升高校竞争力的重要方式，也是高校可持续发展的主要动力，而这些都需要具体的"产品"来展现。高校教育工作的目的是育人，在高素质、高能力、全面发展的人才培养目标下，学生不仅需要具有较强的专业素质，还要有较高的道德水平。大学生思想政治教育工作的品牌化，有利于提升大学生的道德水平和思想高度，为培养全面型、综合型人才奠定基础；同时，对高校形象的展示，对提升高校的知名度、促进学生的健康发展，等等，都具有重要的作用。

大学生思想政治教育工作品牌化是新时期思想政治教育发展的必然，但还需要对其在新时期的存在价值进行衡量，保证思想政治教育工作品牌化符合现实发展要求及时代精神。所以，要想推进大学生思想政治教育工作的发展，必须要保证其教育价值与时代需求相符，并通过现代化发展手段和理念创设新的教育形象。

大学生思想政治教育工作品牌化是思想政治教学方法的创新和发展，是对原教学方法的批判式继承和完善。在大学生思想政治教育工作品牌化的过程中，必须要探寻与大学生群体需求的契合点，设置明确的教育主题，注重对主题基础条件的打造和完善。同时，做好思想政治教育理论的提炼和工作机制的优化，丰富品牌形成的元素，体现品牌打造的价值，做好大学生思想政治教育工作的品牌建设工作，保证所有的主题教育都具有丰富的内涵和实效。

大学生思想政治教育工作的品牌化要与时俱进，做好弹性品牌管理，构建"立体沟通"的动态体系，连接教育工作者、大学生及其家长、社会，及时了解大学生的想法与需求，了解家长对孩子的期待，通过市场调研动态分析、挖掘社会对大学生的需求，将大学生、家长及社会三者的需求相连通，克服三者之间信息不对称的障碍，使品牌教育的效果最大化。同时，在沟通中建立思想政治教育工作品牌与大学生之间的信任机制，鼓励大学生积极参与到品牌建设当中，使品牌效应深入人心。

高校以构建"大思政"工作格局为导向，积极采取有效措施，不断提升思想政治教育品牌效应，大力提倡大学生思想政治教育工作的方法创新与活动创新。同时，将大学生思想政治教育的理论引导与目标引导、量化考核结合起来，不断提升大学生思想政治教育的科学性、实效性，为大学生思想政治教育的开展提供一个新的发展空间和发展层次，不断强化品牌教育，使得大学生思想政治教育品牌效应不断深化。

第七章　大学生思想政治教育工作品牌化的传播

第一节　大学生思想政治教育品牌传播的目标受众与媒介分析

21世纪是品牌的世纪，品牌传播是企业的核心战略，也是超越营销的最佳途径。具体地说，品牌传播是指企业告知消费者其品牌信息，劝说消费者购买品牌，以及维持品牌记忆的直接或间接的方法，最终目的是发挥创意的力量，利用有效发声点在市场上形成品牌声浪，这是企业加强品牌凝聚力、满足消费者需求、培养消费者忠诚度的有效手段。

随着大学生思想政治教育市场化和国际化的渐趋成熟，品牌传播是进一步提高大学生思想政治教育品牌活动吸引力，培养大学生参与热情的有效手段，因此，品牌化的传播成为大学生思想政治教育工作必不可少的环节。结合商业品牌创建模式和大学生思想政治教育自身特色，大学生思想政治教育品牌化将是高校德育的一种全新形式，而根据大学生需求定位的品牌也将在大学生群体中拥有更高的认可度和吸引力，这便从源头上解决了当前大学生思想政治教育中存在的问题。在大学生思想政治教育工作品牌化的过程中，必须要坚持核心价值的传播,在品牌识别的框架下,选择有效的传播方式将特定品牌推广出去,以建立大学生思想政治教育工作的品牌化体系。思想政治教育品牌化是新时代提出的新要求,也是目前对大学生思想政治教育工作改革的迫切需要。

一、大学生思想政治教育工作形象化展示

"有独特的识别点"是大学生思想政治教育工作品牌化的核心内容,因此在品牌塑造和培育的过程中必须抓住这个核心点,保证其教育特色,同时,需要注重对教育理念、形式、精神和内容等方面的整合与浓缩。

品牌需要有形的品牌元素,如品牌名称、品牌标志和品牌口号等。在品牌化的要求下,每一项大学生思想政治教育工作在开展初期就应该考虑构建品牌元素,迈出建立思想政治教育工作品牌特征并使其形象化的不可或缺的一步。构建品牌元素,一般要做到以下三点:第一,品牌名称,能够精确传达品牌核心内涵,便于识记、具备独特性。第二,品牌标志,它像校徽等元素一样,能让人一目了然地想起思想政治教育,也可以放在日后的宣传品上,加深教育者与受教育者双方对思想政治教育的认同感。第三,品牌口号,这对一个品牌而言至关重要,不仅可以宣传品牌精神,还可以反映品牌定位、清晰品牌名称和标志等。

对于大学生思想政治教育工作品牌化而言,一个好的口号,将充分反映思想政治教育工作的目标定位和努力方向。例如以"责任于心,奉献于行"作为口号,充分反映的是学校思想政治教育的宗旨在于培养大学生的社会责任感,同时将责任感外化于行,从自己做起,影响他人,奉献社会,多

行善举,为社会作出更大的贡献。该口号短小精炼,将内化为全校思想政治教育的核心动力,在师生间达成共识,起到振奋人心、催人奋进的作用。

二、大学生思想政治教育工作品牌活动的传播方式

(一)品牌传播要素与路径

具有较高知名度、美誉度,内涵深刻、特色鲜明的大学生思想政治教育工作品牌,是对一所高校综合实力、办学特色、文化积淀及教学效果等方面的外在表现形式,也是高校在人文精神、价值取向等方面的无形资产。大学生思想政治教育工作品牌可以从两个层面进行分析:一是大学生思想政治教育工作品牌的静态发展形势,包括高校的核心价值、办学理念、教学目标及文化内涵等;二是大学生思想政治教育工作品牌的动态运作,包括品牌的传播、定位、构建、延伸和管理等。在大学生思想政治教育工作品牌的传播过程中,主要通过办学质量、学校文化、发展方向等多种方式在社会上传播,进而提升高校在公众心目中的知名度。贺尊指出,高校需要从五个方面进行品牌培育,包括校长能力、教师素质、大学校友成就、校园环境建设及学术研究成果等[①];周宏武指出,通过对高校的品牌形象建设,能够促进大学生思

---

① 参见贺尊《论大学精神与大学品牌》,《武汉科技大学学报(社会科学版)》2002年第1期。

想政治教育工作品牌向名牌的发展[①]。

大学生思想政治教育品牌传播的体系可以从以下三点进行分析：①品牌传播的诉求，包括高校的发展目标、文化建设等；②品牌传播的复合主体，品牌传播的诉求对象包括学生、家长、企业及社会；③品牌传播的媒介、品牌投放的效果等。对品牌进行传播的主要目的是提升大学生思想政治教育的外在形象，促进其更好地发展；从区域发展方面来看，通过大学生思想政治教育工作品牌的培育、传播和延伸，有利于提升整个区域的教育形象，促进教育资源的均衡发展，进而达到大学生思想政治教育工作品牌传播的目的。

高等教育规律决定了大学生思想政治教育工作品牌传播追求的不是短期的传播效果，而是要从长远发展着眼，发挥品牌效应。所以，高校必须处理好传播主体与诉求对象间的互动关系，严格按照系统性原则来操作。具体的途径和方式为：审视传播主体→明确目标受众的需求→进行品牌定位→了解品牌传播特点→分析品牌表征→合理选择传播媒介→传播效果评估→品牌传播调整。通过一系列的构建和调整，使品牌传播的竞争力不断提升。

（二）品牌的媒介传播策略

传播是一种信息传递的方式和过程，传递的载体比较多，包括语言、文字、表情、广播、电视等，这些传播方式被广泛地应用于企业等相关社会组织中。高校同样需要善用

[①] 参见周宏武《高校导入 CIS 策略刍议》，《同济大学学报（社会科学版）》2004 年第 2 期。

各种工具对品牌信息进行传播。但是总体来说,高校利用这些媒介进行信息传播的效果并不高,相对于企业等其他社会组织来说,其传播效率远远不足。

1. 大学生思想政治教育工作品牌传播的受众

大学生思想政治教育工作品牌传播需要具备个性化、差异化等特征。针对不同的品牌信息,采取相对应的传播工具,保证传播效率达到最高,提升品牌传播的价值和意义。由于思想政治教育工作品牌传播的受众群体不同,传播的内容也存在一定的差距,因此需要根据要求选择不同的媒介,提升对目标受众群体的影响力。从高校的角度研究,目标受众可以分为四种类型,分别为学生、家长、学术研究人员与专业人士、校友。

(1)学生群体。信息时代下,大学生习惯通过网络接收和获取信息。所以高校在思想政治教育中,需要注重将校园网作为信息交流平台,发挥其信息传播作用。校园网是高校的基础网络建设设施,是互联网的重要组成,对于学生群体具有非常大的影响力,在大学生思想政治教育中的作用也更明显。这一现状,可以通过各著名高校校园网的火爆程度窥见一斑。例如,清华大学已经对校园网采取实名制登录方式,防止非本校人员登录造成的网络拥挤影响到本校学生。但是,高校校园网体现出来的品牌信息与高校知识群体组织之间仍存在非常大的差距,这也再一次表明高校的网络建设仍然不够完善,对高校品牌的运营有所缺失,无论其中展示的内容还是信息传播的形式,都需要大做改进。

(2)家长群体。狭义上的家长,指的是学生的父母;广义上来说,除了学生的父母外,还包括其直系或旁系亲属,而家长的概念是中国特有的一种概念。在中国的教育环境中，家长对学生的学习、生活等方面都会产生比较大的影响，也是对一所高校进行评价的主体。针对家长群体，高校需要在思想政治教育活动、专题设计等方面加强对自身品牌信息的传递，在信息传递媒介的选择方面，需要对各种传播媒介进行整合，进而产生更大的协同效应。

（3）学术研究人员与专业人士群体。学术研究人员与专业人士群体在高校的人才结构中属于核心层，是高校学术及声誉方面的决定性因素，因此，与之相关的学术见解、交流、推广及发明专利等，也都成为大学生思想政治教育工作品牌培育和提升的重要因素。根据不同的目标受众，传播工具可以选择以下三种类型：核心学术期刊与高级别报纸并重、学术会议与研讨活动并行、专利申请与推广活动并举。通过这些方法提升思想政治教育活动在学术领域的知名度与美誉度。

（4）校友群体。校友群体是指本高校的毕业生，思想政治教育工作品牌化可以加深校友群体对母校的归属感和认同度，使母校由此获得来自校友的反作用力。具体来说，是指以母校为核心，通过母校与社会、校友以及校友与校友之间所产生的文化、物质及人才等方面的联系和交流，为社会、母校及校友带来经济收益的活动。活动的载体为母校和校友，通过在两者之间架设桥梁，促进经济活动的发展和循环，又称校友经济。

2. 大学生思想政治教育工作品牌传播的媒介

针对不同的受众群体，大学生思想政治教育工作的品牌化过程需要采取不同的媒介进行宣传和推广。

（1）大学生思想政治教育可以根据企业的品牌发展战略，在视觉识别系统及治学理念等方面加强对品牌信息的注入。从传播理论的角度来考察高校发展战略可知，大学生思想政治教育工作的品牌化发展还处于初级阶段，大部分高校过于注重外在的视觉识别系统，忽视了对高校的文化挖掘，导致大学生思想政治教育工作品牌诉求过于苍白，无法给受众留下深刻的印象。

（2）思想政治教育工作者为了提升所在高校思想政治教育活动的知名度，可以通过征集专题文章，加强对大学生思想政治教育品牌的传播。而专题文章的载体主要选择国家类及专业性的报刊，提升目标受众的关注度和认可度，提升信息传达效率。

（3）思想政治教育工作者需要对高校的日常思想政治教育活动进行宣传，将其更全面地展示给受众，从而提升思想政治教育活动及高校的品牌形象。同时，对于一些规律性事件，可以采用电子媒介或印刷媒介进行传播，如网络、广播、杂志、报纸等。

（4）思想政治教育工作者能借助每年的招生活动实施品牌促销。当前，各高校都很注重招生过程中的品牌促销活动，会利用各种方法和手段，通过传播媒介进行招生广告推送，或者将招生咨询会等作为高校品牌展示的窗口，吸引学生及其家长的注意力，实现对优质生源的竞争。这一环节涉及的媒介有多种形式，可以应对不同的情境。

由此可知，在大学生思想政治教育品牌信息的传播过程中，必须充分利用各种媒介资源加强对品牌信息的整合，以提升形象。

(三) 品牌的口碑传播策略应用

通过对传播理论的研究可知，在品牌传播过程中，除了媒介传播外，还需要依靠口碑来进行传播。口碑传播是一种非商业性的，针对产品、品牌及服务等的非正式的人际传播方式。口碑传播在市场中具有非常强的影响力，因为从心理学角度分析，消费者的使用经验、大众媒介和企业组织营销、家庭和朋友的影响等，都是影响消费者行为的重要因素。由于对消费者的影响比较大，所以口碑传播也被称为"零号媒介"，被营销界视为可信度最高、最廉价的一种宣传媒介。在营销研究领域，逐渐将口碑纳入营销方法，进而丰富现有营销理论。从大学生思想政治教育工作品牌化的角度来说，必须注重口碑的传播作用，来提升思想政治教育的品牌效应。

对大量数据和指标，如空间、速度、时间等方面的分析表明，口碑传播的优势并不明显，但却具有其他媒介无法比拟的特点，如对品牌忠诚度的培养效果等。所以，对任何组织来说，都需要重视口碑传播的重要作用，并将口碑传播视为一种重要的品牌提升工具。高校也应将口碑传播作为大学生思想政治教育工作品牌管理中的重要课题。

口碑传播的内容包括以下三个方面。第一，口碑传播活动。口碑传播活动包括具体的传播细节和传播激情。其中，传播细节影响口碑传播的程度，也就是信息传播的数量；传播激情主要关注传播的广度及深度。两者构成了口碑传播网，是营销中的重要内容。同理，大学生思想政治教育活动也存在口碑传播网，思想政治教育工作者应合理规划思想政治教育活动的规模、形式和频率，打造良好的口碑，达到大学生思想政治教育的最终目的。第二，口碑传播正面效应。传统的口碑传播研究更侧重于对传播效应的研究，而且集中于对正面效应的研究。大学生在接收到切合自己需求且高质量的信息后，会感到满足、愉悦，因此会产生对信息进行二次传播的想法。同理，口碑传播的正面效应也存在于大学生思想政治教育活动中，高质量的思想政治教育活动与服务同样会让大学生感到满足和愉悦，进而实现在同学间的传播和自身感受的传递，进一步提升思想政治教育的效果。第三，口碑传播负面效应。在学生接受大学生思想政治教育的过程中，如果教育效果和质量没有达到学生及其家长的预期，他们就会对大学生思想政治教育产生不满，也会在抱怨的过程中将这种负面情绪传达给别人。由此可见，口碑传播并非只有正向传播，还会产生负面影响。而且，如果大学生思想政治教育的教学效果和质量没有因为学生及其家长的不满而有所改进，还会导致这种负面口碑传播的范围扩大、程度加深，对高校带来的负面影响也更大，也不利于大学生思想政治教育工作品牌的打造和传播。

为了使大学生思想政治教育活动为高校带来正向的口碑传播效应，思想政治教育工作者应适当地运用整合营销概念，提升大学生思想政治教育工作的品牌价值。具体需要做到以下三点。第一，高校需要加强对思想政治教育工作品牌的内部宣传，使高校的教职员工、学生等对品牌具有统一的认识，认可品牌理念，并主动进行口碑传播。第二，家长是高校面对的最紧密、最直接的公众，对高校的思想政治教育工作的品牌价值期望也是最高的，最容易成为其口碑传播的支持者。因此，高校需要向家长传达好品牌活动的思想和积极意义，使家长成为品牌活动的口碑传播者，在生活中做好宣传工作。第三，从营销角度来说，高校的"产品"是每届毕业生，他们在工作岗位上的表现和成就，对高校的思想政治教育工作品牌价值的提升具有重要的作用，无形中形成了一种口碑传播。所以，高校需要加强与用人单位的联系，追踪毕业生的成长，并将成功个案作为宣传对象，在社会公众及在校大学生间进行传播。

将大学生思想政治教育工作的品牌传播信息纳入常规工作之后，高校的管理部门就可以采取主动出击的口碑传播策略。例如，可以通过向政府部门、企业及其他社会组织提供专项服务的方式提升大学生思想政治教育工作品牌的知名度，可以开展科技与文化下基层活动，或者参与专利技术交易会及高交会；为了扩大大学生思想政治教育工作品牌的影响范围，还可以参与到行业影响力比较强或者覆盖面比较广的活动中。此外，在高校与社会的交流和传播过程中，可以通过企业的影响力加强对大学生思想政治教育工作品牌的宣传和传播；高校可以派专家、教授到相关的企业参观、挂职，为企业解决一些生产或经营方面的问题；可以通过与企业的合作，使企业成为学生的参观、实习基地，促进校企横向沟通，提升大学生思想政治教育工作品牌的传播效应。

口碑传播是通过对品牌人格化的运作方式，来实现品牌与消费者的交流和沟通，这也是企业管理人员提升消费者对品牌忠诚度的有效方式。所以，高校必须要加强研究、完善大学生思想政治教育工作品牌传播策略，合理选择口碑传播途径，提升品牌的口碑传播效率。

（四）大学生思想政治教育工作品牌活动传播的方法

1. 360 度品牌营销法

360 度品牌营销法侧重于对消费者与品牌全方位的接触，并以此为基础开展营销活动。所谓 360 度，也就是产品与消费者的每一个接触点都能够使消费者满意，都可以为消费者提供准确的产品信息。这种营销方式更有利于消费者获取产品的营销经验，收集产品信息。同理，高校应多角度、全方位落实思想政治教育工作品牌活动培育，这对于提升大学生思想政治教育工作品牌的影响力尤为重要。

2. 次级品牌杠杆法

次级品牌杠杆法在创建品牌资产中的作用比较明显，不需要使用复杂的营销方式，也能够达到良好的宣传效果。高校应以问题为导向，开展各类与大学生思想政治教育相关的活动，并将活动品牌化，增强活动的吸引力，增强大学生对思想政治教育工作品牌的归属感，加强思想政治教育品牌活动的渗透力和针对性。一是大力倡导科技学术之风，开展各种专业类比赛、主题学术论坛，组织学生积极参加课外科技学术作品竞赛等，从而在团队学术比赛中培养大学生的团队意识，并用先进思想武装头脑。二是完善文娱艺术教育体系，注重通过符合学校实际的艺术教育形式，加强校园文化的感染力；通过培育品牌大型文艺会演，建设精英学生干部团队，打造先进文化传播阵地。三是鼓励和支持大学生参与志愿者服务活动及社会实践，积极组织大学生暑期实践工作，使大学生在实践中深入社会、乐于奉献，健康成长。

第二节　大学生思想政治教育工作品牌传播的关键因素

一、注重推广大学生思想政治教育工作品牌

（一）拓展大学生思想政治教育工作品牌传播途径

大学生思想政治教育工作品牌传播，是指利用商业营销传播手段，在品牌中融入市场营销理念。高校为社会公众提供教育产品，属于服务范畴，思想政治教育是其中不可或缺的一部分，贯穿高校教育的整个过程。因此，大学生思想政治教育工作品牌的营销也可以视为一种服务营销模式，其本质是双方在价值交换的过程中，令教育双方都满意。服务的质量是教育营销的基础，与教育消费者的利益直接相关。

公共关系是社会组织通过各种传播方式，使自己与社会公众互相了解、适应，以提升知名度的一种管理职能，对社会组织的形象塑造具有重要的作用。所有社会组织的运营和发展都需要以良好的公共关系为基础，高校也不例外。

大学生思想政治教育工作品牌的推广，主要分为内部整合和外部整合两种方式。

内部整合传播是思想政治教育工作者以师生为对象的传播方式。师生形象是大学生思想政治教育工作品牌形象的组成部分。大学生思想政治教育工作品牌化的实质，就是对师生的思想及行为等进行规范，使师生符合高校的品牌文化，

并留下显著的烙印。高校师生既是高校的内部公众，也是其公共关系中的重要组成部分，对外代表高校的形象，一言一行都会影响社会公众对高校的印象和评价。因此，高校除了要提升师生在文化、学术方面的水平外，为了塑造良好的思想政治教育形象，还要重视对师生进行正确的政治思想观念的灌输，提升师生对大学生思想政治教育工作品牌的认同度，并逐渐将其内化于形，为建设、强化大学生思想政治教育工作品牌形象而贡献自己的力量。校友也是高校在内部整合传播中的资源，本身具有教育客体及公关主体两方面的属性。相对于其他传播对象来说，校友是高校曾经的内部公众，虽然毕业离校，但仍然与高校存在密切的联系，对母校有着深厚的情感。而且，这些校友分布在不同的公众关系网络中，辐射面比较广，是一种特色明显的传播载体。所以，高校必须充分利用校友的力量，可以通过定期组织联谊会的方式加强与校友的联系，提升思想政治教育工作品牌文化的传播效果。

高校还需要以外部公众为对象进行外部整合传播，通过多种渠道和手段塑造大学生思想政治教育工作品牌的形象。外部公众的范围比较广，包括媒体、政府部门及其他社会公众。首先，针对外部公众，高校可以通过学术交流会、文体活动等方式加强联系，进而实现提升高校知名度的目的，为高校树立良好的品牌形象，扩大影响范围，这对大学生思想政治教育工作品牌推广也具有重要的价值和意义。其次，高校还需要将政府部门视为重要的联系对象。当前，高校的自主权不断强化，自主范围不断扩大，但是政府部门的管理地位仍然是不可动摇的。政府部门有权支配高校的教育资源，也是为高校提供办学经费、判断其是否有资格晋级的评价主体，对于大学生思想政治教育工作品牌的正确性、时效性和适用性，以及进一步推广工作都至关重要。最后，高校面对的媒体公众包括自媒体及大众媒体两种类型。作为知识的传播者和创新者，高校内部已有诸多媒体，如校园网、学术期刊、校报等，这些媒体为高校的品牌宣传提供了多种途径，有利于扩大高校的公众媒体接触范围，所以，高校应借助公众媒体的力量，做好大学生思想政治教育工作品牌化的传播和推广。

（二）提升教育质量与完善教学设施

服务与产品的质量是品牌创建的核心内容，也是品牌发展的关键，对大学生思想政治教育工作品牌而言，服务与产品质量同样重要。衡量一个品牌，必须以质量为重要的物化指标。质量是品牌价值表现的重要载体，如果缺乏质量保障，就打造不出优质的品牌，所以，在品牌活动的推广中，必须要增强质量方面的竞争意识。对于大学生思想政治教育工作品牌而言，就是对思想政治教育工作质量的比较，必须要坚守质量底线。对品牌的推广，也就是提升质量管理的过程。今天的质量打造情况决定着明天的市场发展，产品和服务的质量决定了企业市场占有率的多少，大学生思想政治教育工作品牌也不例外。

本书所指的服务质量，就是大学生思想政治教育培养的人才是否能够满足社会的发展需要，也就是毕业生的适用性。毕业生必须经过用人单位的岗位测试，才能够表现其对社会的适用程度。高校要想打造良好的思想政治教育工作品牌，必须要加强对其质量的重视，并将提升其社会满意度作为高校质量体系建设的标准，不断完善质量管理模式，保证培养出来的人才能够符合社会发展的需要。

高校不仅要在学校内部制定高标准的人才培养体系，并严格执行，还需要做好人才培养质量的追踪工作。毕业生是大学生思想政治教育工作品牌化发展的"产品"和代言人，在进入用人单位后，并不意味着就与高校脱离关系。高校还需要与用人单位保持联系，了解毕业生在毕业后的情况，对毕业生的知识及能力等方面的不足进行分析，并将其作为学校后续人才培养中的重要反馈信息，不断完善教育体系，提升大学生思想政治教育工作的效果和质量。

高校物质文化包括教学设施等硬件条件，而这些条件也关系着高校人才培养的质量，是思想政治教育工作品牌化开展的必要条件。高校在物质文化建设中必须要注入一定的经费，用来美化校园环境，体现出良好的育人环境和高校传统特色；还包括建设设施先进的体育馆、图书馆、实验室等。虽然这些设施都是高校必备的，但其是否具有先进性和现代化，也是衡量一所高校教学质量的重要标准。此外，高校的科研条件、办公条件、教学条件等，也关系着高校的形象，必须在原有基础上进行完善，并定期对所有设施进行维修和检查，使所有的设施都保持良好的工作状态。同时，高校必须创办好内部的文化载体，包括校报、期刊、广播、宣传图、校史图鉴等，展示出积极向上、与时俱进、创新发展的精神风貌。物质文化建设能够奠定思想政治教育工作顺利开展的良好实施基础。

(三）建立大学生思想政治教育工作品牌形象识别系统

质量过硬的产品不能再秉持"酒香不怕巷子深"的传统观念，还需要通过品牌传播使更多的消费者认知和接受，这也是品牌创造的主要价值。因此，高校在思想政治教育工作品牌化的过程中需要借鉴企业的品牌战略。首先，分析大学生思想政治教育工作品牌的现状，并结合高校的实际情况制定与现状相符的品牌发展战略目标。其次，对思想政治教育工作品牌进行定位和设计，创设具有鲜明个性的标识，并在标识中融入高校校名、经典建筑、校徽等元素，通过品牌营销及公关的方式，使学生了解和认同这些内容。高校通过规范品牌标识，使培养的学生更具特色，为大学生思想政治教育工作品牌增加附加价值，进而树立具有特色的品牌。对于高校的服务形式及科研情况，社会公众不可避免地会与其他高校进行比较，并形成一种心理暗示。如果这种心理暗示逐渐转化为一种思维习惯，必然会提升社会公众对大学生思想政治教育工作品牌的认同感，品牌的市场效应也能得以提升，逐渐形成一个具有高市场影响力的品牌。

二、维护大学生思想政治教育工作品牌形象

（一）做好品牌维护管理

第一，提升高校的核心竞争力。可以根据高校的发展情况，在学术成就、师资品牌、就业率或特色文化等方面，选择本校的优势作为品牌创建的特色。提升高校的核心竞争力

也是高校教育优化的途径，以及保护大学生思想政治教育工作品牌的必然选择。第二，高校需要完善品牌管理体系，可以针对大学生思想政治教育工作的具体开展情况，对教学质量、软硬件设施、推广传播等进行评估，并根据评估结果进行相应的奖惩，进而使大学生思想政治教育工作者明确不足之处，并不断总结和改善。

（二）强调"三风"建设

在大学生思想政治教育工作品牌的培育过程中，育人环境也是重要的外在表现形式。营造良好的育人环境，有利于促进学生思想品德的养成，也是培养学生情感品质及审美素质的重要影响因素。"三风"指的是校风、学风和作风，是高校育人环境的体现，能够直接反映出高校在管理、师资建设及教学等方面的实力。"三风"建设以及对育人环境的优化，对大学生思想政治教育工作的品牌化和形象树立具有积极的促进作用，对加强高校的行为文化建设也具有重要的意义。

首先，高校需要重视"三风"建设，将"三风"建设提升到高校发展的战略高度上，明确其在教育工作开展中的作用。在教学过程中，将"三风"建设与科研和教学进行结合，保证"三风"建设的有效落实和务实发展。其次，提升教学质量，分析"三风"建设的内涵，并在高校文化建设中批判地继承和发展，对高校"三风"发展路线进行创新，强调思想政治教育的主导作用，完善运行和管理制度。最后，高校环境的魅力并不体现在表面的环境建设中，还需要浓厚的学术氛围和严谨的科学精神的支持，并注重对创新意识的灵活运用。高校可以通过多种对策和措施，使学生保持端正的学习态度，提升学生的学习热情，鼓励学生创新，提升学生的自律意识和实践能力。

三、培育师资品牌与学生品牌

（一）加强师资队伍建设，打造师资品牌

在大学文化建设中，需要加强师资建设，良好的师资队伍是建设大学生思想政治教育工作品牌的关键保障，也是推动高校文化建设的核心力量。在师资队伍建设方面，高校可以采用外部引入和自主培养两种方式，严格把控教师的招聘渠道，不断完善教师培育机制和激励机制，完善对教师的测评及评级标准，侧重于教学质量评估，逐渐建立一支高素质、高水平、高能力的师资队伍。教师的言行和素质直接影响学生的发展，育人先育己，教师必须先提升自身的专业知识和技能，并具备高尚的职业道德。高校要调动教师的工作积极性，培养教师对教育的热情和兴趣，做好对教师教学方面的指导，通过学生的沟通和反馈了解教师的职业素养和道德素质，及时纠正教师存在的错误思想和不当行为，并对教师的高尚道德修养和情操及教学贡献等给予及时表彰。

（二）强调学生素质教育，打造学生品牌

高校的"产品"是学生，所以，学生的素质是大学生思想政治教育工作品牌化发展的标志，学生对社会的贡献程度也是对大学生思想政治教育工作的重要评价指标。首先，高校需要通过基础课、专业课及实践课等提升学生的基本素

养、专业能力等；其次，高校可以建设各种学术交流及文体协会，注重培养学生的学习兴趣，并在学院内设置学生自我管理组织，提升学生的组织能力、管理能力、执行能力及决策能力；最后，以校企合作的方式，为学生就业提供更多的机会，拓展学生的视野，加强学生对社会的认知，鼓励学生自主创业，提升学生的社会实践和认知能力。此外，通过奖励机制及竞赛活动等，培养学生的创新精神，以及持之以恒追求理想的信念。通过全面提升学生的知识储备，提高学生将知识运用于实践的能力，打造良好的学生品牌，从而为大学生思想政治教育工作品牌的建立和传播奠定良好的基础。

第八章　大学生思想政治教育工作品牌活动的绩效评估

第一节　评估大学生思想政治教育工作品牌活动绩效的必要性

大学生思想政治教育工作品牌化是一个动态的发展过程，并非一劳永逸，而是需要不断地进行更新和调整，这也是使一个品牌保持新鲜活力的重要因素，更是大学生思想政治教育工作品牌化发展过程中需要遵循的规律。品牌培育的工作需要开发出综合、有效的评估工具，并定期进行品牌绩效评估，大学生思想政治教育工作的品牌化过程也是同样的道理。在当今的品牌评估实践中，英国伦敦的英特品牌（Interbrand）公司所倡导的 Interbrand 法得到了广泛的运用，即品牌价值的体现并不完全是品牌创作时付出的成本，品牌产品也不一定比非品牌产品具有更大的溢价空间，而是因为品牌的存在可以为品牌所有人带来更稳定的收益。①

从短期发展形势分析，企业品牌的打造对企业整体收

---

① 参见卢泰宏《品牌资产评估的模型与方法》，《中山大学学报（社会科学版）》2002 年第 3 期。

益的影响并不明显，但是从长期发展来看，品牌产品与非品牌产品对企业的稳定发展却具有明显的差异性。以饮料市场为例，可乐饮料中的百事可乐及可口可乐的品牌相对于其他小众品牌来说，具有更稳定的市场。这是因为消费者在购买可口可乐或者百事可乐后，还会继续选择这个品牌，但是其他小众品牌的可乐，很多消费者甚至无法记住品牌名称，下次再继续选择这个品牌的可能性就会降低。市场需求越稳定，品牌的收益就越高，这也是知名品牌与不知名品牌的重要价值差异。同样，在大学生思想政治教育工作品牌化的过程中，品牌价值越高，越能吸引大学生全身心地参与其中，增强其归属感，使得思想政治教育工作对大学生的启发和助益越大。

当代大学生普遍具有敏感、多变及多样化的特点，大学生思想政治教育工作为了得到大学生的喜爱和认可，完成教育目标，提升教育效果，就需要严格按照大学生的特点对教学内容进行优化和调整。此外，当前社会处于快速发展时期，社会环境发生了重大的变化，各种新媒介、新技术不断出现，在网络传播环境下，社会热点问题层出不穷，为了保证大学生思想政治教育工作品牌的生命力，加强对大学生的影响力，需要根据环境的变化及时调整教学方向和方式。大学生思想政治教育工作品牌化绩效的评估需要结合大学生群体的特征，通过多种手段，如焦点小组访谈、品牌投射法等，测量大学生对思想政治教育工作品牌的感受、态度和评价，从中获得有益的信息，以改进思想政治教育工作活动方案。

第二节 大学生思想政治教育工作品牌活动绩效评估方法

大学生思想政治教育工作品牌活动的绩效评估方法包括很多种，其根本目的在于以大学生群体特征为基础，通过多种渠道测量和评估大学生对思想政治教育工作品牌活动的感受和态度，从中获得有益的信息以改进工作方案。主要的评估指导思想包括两点。第一，品牌跟踪，定性定量研究，了解学生满意度。通过焦点小组访谈法、自由联想法、品牌投射法等方法了解大学生对思想政治教育工作品牌活动的印象及认同感，从得到的信息中评估品牌活动的效果及效率，并及时进行调整。第二，综合运用多种现代科学方法度量思想政治教育的有效性。针对思想政治教育活动有效性的具体表现形态，采用相适应的评估方法。例如，评估教育主客体的内在素质时采用模拟情景评价法，评估其道德修养、价值观念时可采用认同程度计算法和模糊数学方法等，以实现大学生思想政治教育活动评价的有效性，用科学的方法评估大学生思想政治教育活动的质量。

这里介绍三种常见的大学生思想政治教育工作品牌活动绩效评估方法，以供思想政治教育工作者参考。

一、焦点小组访谈法

焦点小组访谈法是市场营销学中常用的一种方法，即采用小型座谈会的形式，挑选一组同质性的消费者或客户，由一个经过训练的主持人，以一种无结构、自然的形式和他们进行交谈,从而获得对有关问题的深入了解。该方法同样适用于评估大学生思想政治教育工作品牌活动的绩效。通过对参与思想政治教育相关活动的大学生进行访谈,了解其对思想政治教育工作的评价,从而对大学生思想政治教育工作品牌活动的绩效进行科学的评估。

第一,准备焦点小组访谈。

(1)选择访谈地点。访谈地点可以是普通会议室或讨论室,主要设备包括话筒、白板、单向镜、摄像机等。

(2)参与者征选。一般是在校园里随机选择路过的学生,也可以在大学生的联系电话中随机抽取。但是在征选的过程中必须进行信息核对,防止出现重复征选的情况,每个小组一般选取8名参与者。具体的人数设定没有明确的最优化规定,可以按照小组的类型或者受访者人数等自行确定。

第二,选择主持人。

主持人是保证访谈成功的重要因素,所以在焦点小组活动中,必须要做好主持人的选择工作。首先,主持人需要具有小组组织能力;其次,主持人需要具有良好的沟通和商务洽谈技巧,这样才可以与参与访谈的学生进行良好的互动;最后,加强主持人的培训工作,为开展访谈奠定基础。

第三,编制讨论指南。

编制讨论指南一般采用团队协作法。讨论指南是一份关于小组讨论中所要涉及的话题概要,必须保证其按照一定的顺序逐一讨论所有突出的话题。主持人编制讨论指南一般包括三个阶段:第一个阶段主要是在小组中建立良好的团队关系,明确小组规则,同时提出具体的讨论主题;第二个阶段需要主持人引导,进行深入探讨,展开论述;第三个阶段是总结阶段，主要研究的问题为衡量信任和承诺的限度。

第四，焦点小组访谈报告编写。

结束访谈活动后，可以由主持人根据具体的活动情况进行一次口头报告。在正式报告中，首先需要对调研目的进行解释、说明，表明调查主要是为了研究思想政治教育问题，以及小组成员的参与过程和个人表现等；然后对调查研究中的发现进行总结，并提出相应的建议。一般来说，需要先给出一个主题，对这个主题的观点进行总结，在总结的过程中，需要完整记录小组成员的讨论内容，最后对这些观点作进一步的重申和阐明，并采用同样的方式对主题进行总结。

大学生思想政治教育工作品牌化的过程，就是把思想政治教育工作者看作"提高消费者忠诚度、实现利润最大化"（提高大学生的受教育热情和教育成效）的"企业"，把大学生群体视为消费者，而在监控和评估思想政治教育工作品牌活动绩效的环节，思想政治教育工作者可以利用焦点小组访谈法，在交流访谈过程中了解大学生群体对思想政治教育工作品牌活动的认知情况和参与热情，从而适时作出调整和改进。

二、品牌投射法

"投射"一词在心理学上的解释，是指个人把自己的思想、态度、愿望、情绪或特征等，不自觉地反应于外界的事物或他人的一种心理作用。这种内心深层的反应，实为人类行为的基本动力，而对这种基本动力的探测，有赖于投射技术的应用。品牌投射法是指让受测试的大学生通过一定的媒介，建立自己的想象世界，对品牌进行最客观、最真实的评价，这对于大学生思想政治教育工作品牌活动绩效的评估同样适用。测试中的媒介没有固定的形式，可能是一些看似毫无联系的线条，或者一些有意义的图片组合，也可能是一些散乱的句子或者故事的某个片段等。这些事物是没有规律可循的，对于大学生来说是含义模糊的，因此，大学生需要完全凭借自己的想象来完成测试。通过大学生的不同答案，对思想政治教育工作品牌活动作更真实的评价。

品牌投射法的具体操作方式是，提供给受测试的大学生一种含有思想政治教育工作品牌元素的无限制的、模糊的情景，要求其作出反应，将受测试的大学生的真正情感、态度、评价投射到"无规定的刺激"上，绕过他们心底的心理防御机制，透露其真实的内在情感。

按照受测试的大学生的反应方式，可以将品牌投射测试分为以下五类。①联想法。提供一些包含大学生思想政治教育工作品牌元素的刺激，要求受测试的大学生根据刺激说出自己联想到的内容，进而根据联想内容总结他们对于大学生思想政治教育工作品牌的真实感受和评价等。②构造法。受测试的大学生需要按照自己看到的有关大学生思想政治教育工作品牌的图片等编故事，这个故事需要包含过去、现在、未来等不同阶段的内容，通过对故事的研究，评价思想政治教育工作品牌。③完成法。要求受测试的大学生将一系列含有大学生思想政治教育工作品牌元素的句子补充成完整的句子，通过他们真实、直接的反应，了解其对于思想政治教育工作品牌的感受。④表达法。受测试的大学生选择一种方式自由地展示自己的个性和特点，如唱歌、书写、绘画、谈论等，据此来判断其人格特征。⑤选择或排列法。受测试的大学生根据自己认知的某种规律或原则选择刺激材料，或者对这些材料进行排列。例如，可以为受测试的大学生提供一些思想政治教育工作品牌活动中的相关词汇，要求其根据自己的喜好对这些词汇进行排序，通过排列顺序可以分析出他们对思想政治教育工作品牌的感受与评价。

在大学生思想政治教育工作品牌化的过程中，品牌投射法形式多样、运用灵活。通过邀请大学生作为受测试者，根据思想政治教育工作品牌活动提供的含义比较模糊的刺激材料，让其自由发挥，从而投射出真实的情感和态度；接着分析其反应，从而总结他们对思想政治教育工作品牌活动的真实感受与评价，进而对思想政治教育工作品牌活动进行评估和调整。

三、情景模拟法

情景模拟法由美国心理学家茨霍恩提出，是一种行为测试手段。这类测试主要考察受测试者在应聘成功后是否可以立即从事工作。具体而言，面试官将为他们提供一种有代表性的模拟情景，要求他们完成应聘岗位上的某些典型任务，然后对他们的工作质量进行分析。通俗而言，情景模拟法指的是根据受测试者应聘的职务在实际工作中可能出现的问题，为受测试者创设逼真的工作情境，并要求受测试者解决这些问题。在这个过程中，可以通过多种方法对受测试者的心理素质及能力等进行测评和分析。

将情景模拟法运用于评估大学生思想政治教育工作品牌活动绩效时，应注意具体的操作流程和操作方法，切忌生搬硬套。思想政治教育工作者采用情景模拟法的关键目的并不在于选拔出合适的人选，更主要的是通过组织受测试的大学生参与模拟活动，从中获取大学生对于活动的满意度、认可度等信息，从而更好地改进思想政治教育工作品牌活动。

对于大学生群体而言，他们是思想政治教育工作的教育对象，所以对其工作效果是最具发言权的。通过焦点小组访谈法、品牌投射法和情景模拟法等科学方法，从大学生自身出发，分析他们对于思想政治教育工作品牌活动的客观的反馈和评价，同时对思想政治教育工作品牌化过程中存在的不足甚至错误进行总结，进而对具体实施的思想政治教育工作进行优化，促进大学生思想政治教育工作取得实效。

综上所述，品牌的培育是一个动态的过程，及时的评估、反思与调整是大学生思想政治教育工作品牌保持活力的重要保证。我们要通过科学的研究与设计，建立大学生思想政治教育工作品牌绩效的全方位评估体系，了解大学生对所培育品牌的认知和评价，从而对特定思想政治教育工作的效果进行合理且有效的评估，发现其中存在的问题和不足，并在此基础上进行分析、研究和探讨，找出与之相适应的解决方案，进而对大学生思想政治教育品牌培育作出战略调整。

第三节 大学生思想政治教育工作品牌的长期管理

一、大学生思想政治教育工作品牌的维护

品牌维护，是指企业针对外部环境的变化给品牌带来的影响所进行的维护品牌形象、保持品牌市场地位和品牌价值

等一系列活动的统称。①

一个品牌的打造需要漫长的过程,在这个过程中,企业必须加强广告投入、分析品牌竞争力,以及塑造企业文化等,进而加强消费者对品牌的认知。塑造企业文化,有利于扩展品牌深度,使品牌更加人性化。分析品牌竞争力,有助于消费者对品牌有更清晰的认识,了解品牌的内涵及其优势,并将这些内在的优良品质转化为营销力,促进企业实现利益最大化,提升企业利润。如果品牌能够得到消费者的赞扬,就表明品牌已经培养了一批忠实的顾客,提升了品牌的无形价值。

但是,品牌创设的无形价值并不是固定的,而是会随着市场、时代及消费者喜好的变化而变化,这也要求一个品牌在创建后必须加强品牌维护工作,其中比较常用的宣传渠道是公共宣传。公共宣传并不是大规模的广告轰炸,也不是单一地强调自己的产品是"最好"的,而是将品牌更全面、优质地展示给消费者。经过时间的检验,消费者对品牌的认知会更清晰、全面和深刻。

品牌维护和品牌宣传是从品牌诞生伊始就开始的一项长期性工作,任重而道远。企业品牌维护应包括自我维护、法律维护和经营维护三个方面。从大学生思想政治教育工作品牌维护的借鉴意义而言,下文主要介绍自我维护和经营维护两种方法。

第一,大学生思想政治教育工作品牌发展的自我维护。

---

① 参见王玉伟《我国企业品牌维护问题及对策》,《中外企业家》2013年第31期。

大学生思想政治教育工作品牌自我维护的手段主要渗透在品牌设计、注册、宣传、内部管理及打假等各项品牌运营活动中。在品牌的设计、注册与宣传中渗透大学生思想政治教育工作品牌的自我维护意识，这是在品牌培育阶段就应该考虑的。因此，在本书所定义的品牌维护阶段，可以将大学生思想政治教育工作品牌发展的自我维护定义为"高校自身不断完善和优化思想政治教育课程及活动等，以及捍卫成果和品牌保护措施"，具体包括活动和课程优化战略、思想政治教育形式创新战略、捍卫思想政治教育成果战略与思想政治教育工作品牌保护战略等。

第二，做好大学生思想政治教育工作品牌发展的经营维护。思想政治教育工作品牌发展进入成熟期后，不仅要通过自我维护使思想政治教育课程与品牌活动不断更新以维持大学生群体对其的喜爱，采取法律手段以确保其不受任何形式的侵犯，更应该采用经营维护手段，将其作为一种资源来充分地开发和应用，提升思想政治教育的效率和质量。大学生思想政治教育工作品牌的经营维护主要包括顺应大学生群体性格特征、兴趣偏好等的变化，迎合他们的需求，不断提升思想政治教育课程或品牌活动的质量，维持思想政治教育工作品牌的形象与声誉。

通过自我维护和经营维护，在品牌创立时便将设计、注册、宣传等各项战略渗透进去，在之后的运营中采取一系列行动，及时调整并不断完善品牌的形象和定位等，从而实现对大学生思想政治教育工作品牌的及时维护。

二、大学生思想政治教育工作品牌的发展

品牌的建设与发展，是一个品牌的价值得以体现的根本保障。大学生思想政治教育工作品牌的建设应该反映品牌发展的持久性特征、一致性特征、动态性特征和品牌弹性特征。同时，大学生思想政治教育工作又具备因人而异、因时而动的特点，这与品牌发展更新的持久性相冲突，如何解决两者之间的冲突，成为思想政治教育工作者不得不思考的问题。弹性品牌管理成为解决该问题的一剂良药。大学生思想政治教育工作品牌可以实行弹性管理，也就是将思想政治教育工作品牌化的涉及面和接触面尽可能地扩大，在保持一定时期内的根本工作目标不变的前提下，工作内容应时应地不断地丰富完善，从而实现持久性和动态性的和谐统一。具体措施为：构建立体沟通的教育体系，连接教育工作者、家长、大学生、社会，使他们与大学生零距离接触，及时了解大学生的想法与需求，在沟通中建立思想政治教育工作品牌与大学生的信任机制，使品牌效应深入人心。在通过立体沟通教育体系扩大涉及面和接触面的同时，进一步全面、动态地获取学生对大学生思想政治教育工作品牌的感受与反馈，从而及时地将品牌战略与学生需求调整到一致的状态，进而在这种兼具持久性、一致性、动态性和弹性的反馈与调整过程中，实现大学生思想政治教育工作品牌的不断发展。

品牌的发展是一个不断成长的过程，其中包括品牌量的扩张和质的发展，大学生思想政治教育工作品牌同样如此。其中，量的扩张主要是指品牌活动数量的增加、合理品牌活动结构的确定及每个品牌活动规模的扩大，质的发展主要是

指大学生思想政治教育课程或品牌活动质量水平的提高、服务质量的提高、品牌技术含量水平的提高、综合营销策略水平的提高与整体优化。对于大学生思想政治教育工作品牌而言，除了在建设过程中应该反映品牌发展的持久性特征、一致性特征、动态性特征和品牌弹性特征以外，还应该适时优化思想政治教育工作体系、调整思想政治教育工作品牌活动数量、提升思想政治教育课程和品牌活动的质量，从而使得大学生思想政治教育品牌量的扩张和质的发展并进，进而实现该品牌的长久发展。

附录：不同国家大学生思想政治教育管理的特色

从国外的大学生思想政治教育情况来看，不同国家的大学生思想政治教育具有不同的机制和特点，目前，国外的大学生思想政治教育较为注重人与社会、环境之间的和谐发展。例如，英国教育学家阿什比说："英国高校的教育目标是培养有教养的人而不是有学问的人。"① 新加坡的教育法将思想政治教育确定为教育政策的三大基础之一。日本的教育法认为德育工作是关系日本21世纪命运的关键。英国伦理学家威尔逊提出："道德教育理论的核心在于使学生掌握理性原则和解决问题的方法论，获得自行应付和解决道德困境的一系列能力，从而成为一个在道德上受过教育的人。"② 由此可见，不同国家受到各自文化的熏陶，关于大学生思想政治教育的侧重点和教育方式、教育内容也有所差距。

一、美国大学生思想政治教育的管理和特点

通过对美国大学生思想政治教育的研究可知，美国大学

---

① ［英］埃里克·阿什比：《科技发达时代的大学教育》，滕大春译，人民教育出版社1983年版，第9页。
② ［英］威尔逊：《道德教育新论》，魏超贤译，浙江教育出版社2003年版，第2页。

生思想政治教育采用的方式主要为隐性教育方式,这与中国以显性教育方式为主的模式恰好相反。显性教育是指一个掌握国家政权的统治阶级出于一定的教育目的,对国民的法治观念、思想观念、价值观念、道德观念、民主观念等方面所进行的教育,在教育的过程中采用强制性的灌输方式。隐性教育在教育模式上主要采用间接渗透的方式,是使受教育者在日常生活及情境交流中不知不觉地受到教育的形式。

相对于中国大学生思想政治教育的课堂灌输方式来说,美国的大学生思想政治教育将教育内容和要求融入学生生活和学习中的各个方面,主要体现在以下五点。

一是美国的大学生思想政治教育工作习惯于通过基础教育和专业教育进行渗透。美国高校对于所有学习专业课程的学生提出三个问题:这个专业领域的发展历史以及传统是什么?这个专业领域面临的经济和社会问题有哪些?这个专业领域的知识中存在哪些道德和伦理问题?这种教育方式有利于拓展学生的视野,提升学生自主学习、分析和创新的能力,督促学生将更多的注意力投入与专业相关的道德和伦理问题中。而这种教育形式就是典型的将人文精神融入专业教育的形式,使学生能够明确自身的社会责任及学习该专业的价值,通过这种互融性的教育和学习方法实现思想政治教育目的。此外,美国对高校教师的要求比较严格,对教师的政治标准及师德等都有严格的要求。如果教师出现不道德的行为,将会被高校解雇。这种方法可以使教师起到更好的表率作用,实现对大学生思想政治教育的渗透。

二是美国高校非常重视学生的主体地位,这主要是因为美国是资本主义制度的国家,在生活方式及价值观念等方面与我国有很大的不同,注重个人主义,提倡多元文化发展。体现在高校中,其教育目的是培养有个性的人,实行个性化的教育方式。教师自主选择上课所用的课本,制定特殊的教学方式,学生选择授课教师及其讲课内容和授课方法,等等,这些都体现了美国高校对学生主体地位的重视程度。

三是美国高校重视大学生思想政治教育与宗教教育相结合的方法。美国早期教育具有明显的宗教信仰内容,而且美国大部分高校是由教会学校转化而来的,如哈佛大学、耶鲁大学等。出于对宗教的信仰,美国大部分的思想道德规范是由教义逐渐演化而来的。美国的大学生思想政治教育融合了素质教育与宗教教育,通过宗教信仰提升学生的道德水平,利用宗教的震慑力量对学生的行为进行约束,使他们遵守法律,遵守道德底线,并有更高的道德追求。

四是美国大学生思想政治教育采用的教育方法具有非常强的疏导性,会利用心理学方面的知识开展思想政治教育,美国的所有高校也都设置了心理咨询及心理卫生方面的辅导机构。虽然大部分的中国高校设有类似于心理咨询辅导的机构,但从事心理咨询工作的工作人员大多是由行政工作人员或不同领域的教师兼职的,真正接受过心理咨询专业教育并获得心理医师执照的专业人士很少,所以这种教育方式在中国所起的作用目前是比较小的。美国高校在心理资源及心理卫生机构中都设置了专门的管理人员,并针对心理咨询机构设置专项经费,具有严格的工作标准和机制。所有的心理咨询从业人员都需要具有心理学相关资格证,同时,各所高校对心理专家的人数也有明确的规定,能更好地为大学生提供心理方面的辅助,帮助大学生解决心理上的问题。

五是美国在教育实践中加强思想政治教育。美国高校对学生的社团工作、社会服务工作及校园文化建设等非常重视，而且会将这些内容与专业课程结合，使之互相促进、互相配合，通过实践达到育人的效果。例如，麻省理工学院在通识课程中融入非常多的实践活动，对学生的创造力、合作意识、个性发展等方面都具有一定的促进作用；在社会服务活动方面，校方非常鼓励学生参与环境治理、为老年人和残疾人士服务、做义工、做慈善等一系列社会实践服务活动；在校园文化熏陶方面，美国各所高校都有自己的校训、校徽、校歌等，如哈佛大学的校训为"为增长才干而走进来，为服务社会而走出去"①。

二、新加坡大学生思想政治教育的管理和特点

在新加坡的高校教育目标中，以培养具有专门知识、身心健康、人格健全的"新加坡人"为主要教育目标。通过对此教育目标的理解，可以明确新加坡大学生思想政治教育体现出基本目标和倡导东方价值观、国家归属感三个层次。②1991年，新加坡政府发行的《共同价值观白皮书》，将个人、家庭的精神信仰与社会和国家的价值观进行统一，形成能够被民众广泛接受的五大共同价值观体系：国家至上，社会为先；家庭为根，社会为本；关怀扶持，尊重个人；求同存异，协商共识；种族和谐，宗教宽容。

---

① 桑雷：《美国通识教育对高职思想政治教育的启发》，《机械职业教育》2011年第8期，第22～24页。
② 参见张海莲《美国和新加坡的思想政治教育比较》，《重庆科技学院学报（社会科学版）》2012年第3期，第159～161页。

新加坡的大学生思想政治教育以东方价值观为基础，融入西方德育精神的精华，通过对中西古今文化的提炼和总结，形成具有鲜明特色的价值体系。总结起来有以下五点：一是尊重传统，推行儒家伦理道德教育；二是德育为先，非常重视道德教育；三是立足国情，十分重视国家意识的培养；四是注重整合，吸收东西方文化之精华；五是推行渐进式和全民化的道德教育。可见，新加坡对道德、家庭及社会教育都非常重视，并将这些方面进行有机结合，通过对家庭教育的强化、良好社会氛围的营造等，为大学生思想政治教育营造良好的内外部条件，提升思想政治教育效果。

在大学生思想政治教育途径中，实践教育是不可或缺的一项。新加坡教育部规定每位大学生必须参加课外活动，结合校内外实际情况，组织有教育意义的活动，并在大学生的综合成绩中纳入课外活动成绩。新加坡高校设置有校外活动的专门负责人，比较常见的活动包括社团活动、社会服务、文体活动、小组活动等。不仅有正面的社会活动指导，如对国家发展成就的参观，也有反面事件的警示，如带领学生参观监狱，通过正反事例结合的方式加强思想道德教育。除此之外，新加坡高校非常注重思想政治教育的社会性特点，家庭、社区及各个行业合力形成的教育网络包括文化再生及社会认同。由此可见，新加坡在大学生思想政治教育实践活动中，很好地将学校、家庭和社区紧密联系在一起，使教育方式更加全面和真实，有利于学校、家庭和社会教育协调一致，不会造成学校教育在家庭及社会教育中的作用无法凸显，甚至背道而驰的情况。

新加坡大学生思想政治教育特别注重法制化，旨在提升大学生的法律意识。新加坡高校将思想政治教育与法律法治教育有效结合起来，在道德教育的基础上，通过加大立法程度、宣传法律知识、完善法律手段等方法，促进道德规范的有效落实，在一定程度上能够规范大学生的日常行为，促使大学生形成良好的行为习惯，并自觉遵守统一的行为规范。新加坡具有规范、完善的法律制度及非常强的执法能力，所以使大学生思想政治教育具有相应的法律依据，并能在德法并重、刚柔相济的方式下推行。这也是新加坡成为和谐、文明的现代化国家的主要原因。

三、日本大学生思想政治教育的管理和特点

明治维新后，日本首先在学校教育和人才培养方面进行了现代化改革。伊藤博文主张将大学生思想政治教育由以儒学思想为主逐渐转变为以德国的国家主义为主，这种教育政策被认定为日本天皇制度下的国家主义教育制度。第二次世界大战后，日本在美军的控制下又进行了民主化教育体制改革。从对于"二战"后经历多次变革的日本的《教学大纲》的研究来看，其道德教育越来越强调文化建设、创新精神、创造力等方面的培养，注重人文精神的发展，以及对和谐、安定、和平环境的营造。

日本大学生思想政治教育同样强调形成家庭与社会的合力。不仅强调高校的思想政治教育作用，对社会及家庭的思想政治教育作用也非常重视。一方面，在日本的家庭里，父母非常重视言传身教的作用，高校也会为家庭提供思想政治教育的方式和内容，并督促家长加强对孩子思想、道德和品质的培养。另一方面，日本的课堂教学注重思想交流，其教

育理念认为，教学并不是单纯地在课堂上进行知识讲解，还需要师生共同探讨和交流彼此的思想。而且日本高校的课堂教学方式非常多样，包括小组讨论、话剧演出、辩论、观看视频等。除了课堂教学外，日本非常注重通过学生会、课外实习、俱乐部等活动加强对大学生的思想政治教育。此外，日本的各种家政教育都会包含家庭教育内容。日本重视博物馆、公园、社区及图书馆等公共资源对思想政治教育的促进作用，会通过讲座、展览等方式加强大学生的思想政治教育，还会通过社区活动对思想政治教育工作进行补充。日本的大学生思想政治教育可以概括为：坚持以家庭教育为基础，发挥高校的引导作用，并结合社会的各种资源和活动强化思想政治教育。

同时，日本是一个礼仪之邦，很注重礼仪及德育方面的教育，充分利用高校的教育资源和场所对大学生的思想、道德和品质进行培养，通过礼仪及道德等专业课程对大学生进行指导，同时要求大学生积极参与社会实践活动，使道德和礼仪教育得到有效的应用。通过对日本教育史的研究可知，高校、家庭及其他社会组织在其大学生思想政治教育中，都非常注重爱国主义、集体主义等方面的教育，强调民族精神和爱国意识。这些思想、道德和品质的培养也是提升其国民凝聚力的重要保证，使整个国家在一条无形的纽带的连接下，更加团结，个人能够为了国家和集体的利益而奉献自己的精力、智慧和能力。此外，日本也将传统道德观念（如忠孝等道德观念）与民族精神进行了结合。

后　　记

　　2000 年，我刚刚迈入辅导员的队列。恰是鲜衣怒马的年纪，我一腔孤勇横冲直撞，迫不及待地想把所有学来的知识和自认为正确的想法都运用到工作当中。当时，我的年龄与学生们的年龄相差不大，一心只想给学生们安排好一切，避免他们重蹈自己走过的弯路，但结果并未尽如人意。学生们怨我过度干涉，不解和非议铺天盖地地袭来，误会越来越深。在无数个无人的深夜，我泪湿眼眶，不停地反问自己到底做错了什么。

　　2004 年，我再次担任辅导员。随着年龄的增长，在一次又一次的碰壁和反思中，我逐渐意识到了当时自己的懵懂和冲动。尽管初衷是好的，却从未考虑过学生们是否真的需要，也从未考虑过这样的教育过程和方法是否合理。我开始思考学生需要什么、喜欢什么，思考我作为教育工作者应该做些什么，又该如何做。渐渐地，我学会在处理学生工作时更加注重方式方法，尝试着多和学生交流。在沟通过程中，我更加理解学生们各种有趣的想法和建议，在这些理解的基础上，我提高了学生工作的效率和质量。但我不曾停下探索的脚步，我总是在思考如何在工作时将自己的想法和学生的需求结合起来，如何实现学生工作的系统性，如何加强学生工作的吸引力。

我本科学的是力学专业，理工科的教育背景教会我严谨严密的逻辑思维，但仅以此来做学生工作显然是不足的。在随后的工作中，我愈发感觉到自身知识储备的欠缺，逐渐感到力不从心。于是，我决定回炉深造，攻读了思想政治类的法学硕士学位和管理学博士学位。这些经历则更多地教会我"以柔克刚"，教会我人文情怀，让我变得更加游刃有余。交叉学科的学习还帮助我在之后的工作中从多方面思考问题，我努力吸收思想政治教育和管理学的理论知识，结合自己的心得体会提出了一些新理论，如大学生思想政治教育工作品牌化、基于生命周期的学生成长支撑保障体系等，并逐步运用这些新理论、新知识指导学生工作的实践。

2016年，我有幸重回中山大学珠海校区，任国际金融学院的党委副书记。这段经历让我有机会把之前构想的理论系统地运用到具体工作当中，在领导、同事、学生的共同努力下，学生工作综合改革一步一个脚印地有序展开。具体内容包括：整合学生组织相关工作，优化学生组织架构；推进第二课堂试点改革，全方位提升学生素质；开展学生思想政治教育品牌化建设，努力打造品牌化的学生精品活动；等等。

2019年，我先后担任中山大学微电子科学与技术学院直属党支部副书记、书记。而今迈步从头越，我细细梳理三年来在国际金融学院的工作经验，总结特色，改善不足，力求构筑系统化的微电子学生工作品牌。有感于微电子学科攻关国家"卡脖子"技术的重要使命，我提出"红色、专业、高效"三大工作理念，与同事、学生合力打造多个特色品牌，致力于将"凝微电力、铸爱国芯"的文化特质融入学生成长周期。其中，"红色微电双周期育人体系"从党支部建设周期和学生成长周期同向同行压实思想政治教育力量,"红色力量金字塔"分层分类培养红色精英人才,"专业微电金字塔"提升学生创新实践和科研能力。理论与实践相融相促,再次丰富我的学生工作版图。

这二十年来,作为一个一直在学生工作一线的辅导员,我在不断地审视和反思自己这些年面对学生工作时的变化和遇到的难题。我发现,如今的学生工作中依然存在着学生参与度低、认同感和获得感少等问题。为此,我一直在和领导、同事探讨如何解决这一问题,迫切地希望能够实现自身的教育思路和价值链的重塑与升华,希望有朝一日能够把每一项学生工作重新润色填充,使之更受学生群体欢迎。本书就是在不断的思考和研讨后应运而生的。本书主要谈的是这些年的探索结果,即思想政治教育工作项目的品牌化,包括品牌打造的方法和过程、如何提高工作的吸引力和渗透力、如何降低推行工作的阻力并提高大学生群体的获得感和参与感,以期为各同仁开展大学生思想政治教育工作品牌化建设提供一点新方法和新思路。

本书是团队合作的结晶,在谋篇布局上由靳祥鹏统筹,各章撰写工作分工如下:第一章由靳祥鹏、王帅、庞伟、李立山撰写,第二章由陈有志、王帅、谢坤煌撰写,第三章由陈思静、李舒雯、徐小璇撰写,第四章由靳祥鹏、李舒雯、柯璎珊、王平伟撰写,第五章由陈思静、陈有志、黄世吉、李立山撰写,第六章由靳祥鹏、谢坤煌、屈晴雪撰写,第七章由靳祥鹏、陈思静、李舒雯、徐小璇撰写,第八章由靳祥鹏、柯璎珊、李晓晴撰写,附录由靳祥鹏、柯璎珊撰写。陈增祥、庞伟、陈思静、崔丹、陈泽曼参与了全书篇章结构布局的讨论并协助校对书稿，中山大学党委学生工作部及部长钟一彪对本书给与了大力支持。

  在写下这些文字时，脑海中满是当年初入教育行业意气风发的光景，没料到二十年弹指一挥间就这么倏然而逝，荏苒竟已至不惑之年。回望这些年的辅导员工作历程，跌跌撞撞一路走来，个中酸甜苦辣都是财富。在此，将这些年的心得体会做一个小小的汇总，希望这本书能为读者带来些许启发，有任何问题欢迎进一步沟通交流，也祝愿各位读者都能坚守初心，流年不负，岁月可期。

靳祥鹏

2021 年 4 月 7 日